DIE PRAKTISCHE
GARTENBIBLIOTHEK

Naturnahe Steingärten

Karl-Heinz Härtl

Naturnahe Steingärten

Planung - Anlage - Pflege

Naturbuch Verlag

Der Autor:
Karl-Heinz Härtl, Gärtnermeister, hat sich auf Steingärten, alpine Steinanlagen und Naturgärten mit den entsprechenden Pflanzengesellschaften spezialisiert. Er ist auch aktiv im Naturschutz tätig. Verschiedene Veröffentlichungen in Fachzeitschriften.

Bildnachweis:
Himmelhuber 18, 29, 86, 88
Kawollek 7, 9, 10 (2), 11, 12o, 15, 16 (2), 17, 22 (4), 23, 24 (2), 25 (3), 32, 33, 34, 34/35, 35, 47 r, 69, 72
Kopp 12 u
Reinhard 2/3, 8, 20, 36, 40, 42/43, 43 l, 48/49, 49 l, 51, 53, 58, 60/61, 61, 62, 64/65, 67, 73, 76/77, 77, 78 l, 79, 84/85, 90, 92, 93
Seidl 6, 14, 19 l, 28, 39 l, 41 (2), 43 r, 44 (2), 46 (3), 47 l, 49 r, 52, 54 (2), 55, 56, 56/57, 57, 59, 63, 65, 66, 68, 70, 70/71, 75, 78 r, 80, 82, 83, 85, 89, 94
Sulzberger 4/5, 19 r, 37, 38, 39 r, 45, 50 (2), 74, 81
Umschlagfotos: Reinhard

Die Deutsche Bibliothek – CIP-Einheitsaufnahme
Härtl, Karl-Heinz:
Naturnahe Steingärten: Planung, Anlage, Pflege / Karl-Heinz Härtl.
– Augsburg: Naturbuch-Verl. 1992
ISBN 3-89440-034-X

Naturbuch Verlag

Lektorat: Robert Sulzberger, Lindau
Konzeption und Layout:
Anton Walter, Gundelfingen
Umschlaggestaltung:
Peter Engel, Grünwald
Zeichnungen: Sybille Brauer, München
Gesamtherstellung: Appl, Wemding
Printed in Germany
ISBN 3-89440-034-X

Die Entstehungsgeschichte der Steingärten

Die Gestaltung alpiner Steinanlagen geht nach Auffassung namhafter Fachleute auf die letzte Hälfte des vorigen Jahrhunderts zurück. Erich Wocke, ein Experte auf dem Gebiet der alpinen Steinanlagen, erwähnt in seinem Buch »Kulturpraxis der Alpenpflanzen« die Urbevölkerung der Gebirge und auch die Gartenschaffenden in den Klöstern als Vorläufer bei der Gestaltung von Steinanlagen.
In seinem Buch »Der Steingarten« nennt Wilhelm Schacht den Tiroler Botaniker Kerner von Marilaun als Pionier. Er war ein Botaniker, der sich mit der Kultur von Hochgebirgspflanzen beschäftigte und bei seinen Versuchen die ersten künstlichen Steingartenanlagen schuf. Die dabei gesammelten Erfahrungen schrieb von Marilaun nieder, und so erschien 1864 das erste Buch über »Die Kultur von Alpenpflanzen«. Diese Veröffentlichung war wohl die eigentliche Grundlage, daß alpine Steinanlagen nachgeahmt werden und einen wirklichkeitsnahen Lebensraum für Gebirgspflanzen bilden konnten.
Botanische Gärten bauten bald solche Steinanlagen nach, und interessierte Besucher fanden Gefallen an diesen Schauanlagen. Mit Hilfe dieser Vorbilder kamen die Steinanlagen im Laufe der Zeit auch in die Privatgärten. Die ersten Anfänge trieben jedoch häufig sonderbare Blüten. Ganze Steinpartien wurden zu bekannten Gebirgsstöcken und Gipfeln nachempfunden und teilweise noch mit Sennhütten, Kühen, Schafen und Hirten aus Gips und Ton »verziert«. Die Nachbildung möglichst naturhafter Landschaftsausschnitte mit den genannten Hilfsmitteln war weit verbreitet. Wirklich ansprechende Anlagen nach unseren heutigen Vorstellungen der Naturnachbildung waren rar. Besondere Beachtung gebührt in diesem Zeitraum den Gartenfreunden Englands. Dort entstanden die ersten Alpenpflanzensammlungen in sehr ansprechenden Steinanlagen nach unseren heutigen Vorstellungen.
Die Größe einer Steinanlage war abhängig von der Grundgröße der gesamten Gartenanlage und vom Portemonnaie des Gartenbesitzers. Steingärten entstanden meist in der Nähe von Freisitzflächen und Terrassen und stellten durch diese zentrale Lage häufig den gestalterischen Höhepunkt der Anlage dar. Besonders die herrschaftlichen Gärten und Parkanlagen in weiten Teilen Europas beherbergten für unsere heutigen Verhältnisse teilweise große und umfangreiche Anlagen mit Gartenpersonal, das speziell mit der Pflege solcher »Rockgardens«, Steingärten, betraut war.
In den Privatgärten änderte sich das Bild der frühen Steinanlagen, Steinformationen wurden zu »Grotten« umgestaltet und die neu entstandenen Pflanzflächen zwischen den Steinfugen üppig mit Gebirgsstauden bepflanzt. Diese Grotten dienten häufig der Umrahmung von Bänken oder ähnlichen Sitzgelegenheiten. In alten Gärten, besonders im Einflußbereich der Städte, kann man heute noch vereinzelt grottenartige Steingruppen oder Reste solcher Anlagen finden. Nach und nach wurden in den Gärten neue Teilbereiche für die Gestaltung mit Steinen und Pflanzen erschlossen. Dieser Trend der Gartengestaltung mit dem Werkstoff Stein hat sich bis heute fortgesetzt und erlebt gerade eine Wiederbelebung, weil man damit natürliche Gartenbilder nachempfinden kann.

Steingärten sind Gartenbereiche mit eigenem, naturnahem Charakter.

Planung naturnaher Steinanlagen

Sehr oft werden Steingärten und Trockenmaueranlagen mit ihren großen und vielfarbigen Polsterstauden und Einjahresblumen gemeinsam unter dem Begriff Steinanlage vermischt oder gar als Alpinum dargestellt. Hier stellt sich bei vielen Gartenfreunden eine gewisse Enttäuschung ein, wenn sie schon nach kurzer Zeit den Verlust einiger schöner Zwergstauden zur Kenntnis nehmen müssen. Die Ursachen liegen häufig in der Zusammenstellung der Pflanzen. Wuchernde Arten wie etwa Blaukissen, Hornkraut oder Mauerpfeffer erdrücken mit ihrer Wuchsfreudigkeit jeden schwächeren Nachbarn. Ein anderes Problem stellen oft die überhöhten Nährstoffgehalte von Steingartenerden und Substraten dar. Gedrungene und zierliche Kleinpolsterarten verändern dadurch ihr typisches Aussehen, sie werden mastig und verlieren ihre Schönheit, die den Pflanzenliebhaber ja zur Verwendung dieser Arten bewegte.
Naturnahe Steinanlagen sind Gartenstandorte für alle Pflanzenarten, die sich an die teilweise extremen Umweltbedingungen ihrer Lebensräume angepaßt haben. Steinanlagen haben ihre natürlichen Vorbilder in den Hochgebirgen. Dort siedeln sich auf engstem Raum, zwischen Felsritzen und Steinspalten, recht vielfältige Pflanzengruppen an, die den Betrachter durch Formenvielfalt und Blütenfarbe sofort begeistern. Der alles bestimmende Gestaltungsfaktor dieser Gebiete aber ist der Stein. Die Pflanzen wirken als »Begleiter«, sie umklammern die Zustandsformen der Gesteine und bereichern diese unwirtliche Landschaft mit ihrer Anwesenheit.
In einer naturnahen Steinanlage verzichtet der Gestalter auf großräumige Pflanzflächen. Spalten und Fugen zwischen dicht verlegten Steingruppen genügen als Pflanzenstandort. Die Pflanzen am Naturstandort wurzeln in humusarmer Feinerde, die sich als Zersetzungsprodukt des Ausgangsgesteins in Fugen und Spalten angesammelt hat. Die Gesteinsoberfläche ist teilweise noch mit Flechten, Algen und Moosen besiedelt. Dient ein Steinbeet oder eine Trockenmauer eher zur farbenfrohen Ausgestaltung eines Gartenteils mit vielen verschiedenen Pflanzenarten, wie Einjahresblumen, großblumigen Zwiebelgewächsen, Beet- und Polsterstauden, so sollte man die naturnahe Steinanlage stets als Standort seltener und anspruchsvoller Pflanzenarten betrachten. Häufig werden solche Steinanlagen für Sammlungen standorttypischer Pflanzenarten genutzt, wie Steinbrech, Primeln, Enzian oder gar winterharte Orchideen. Der Leidenschaft des Sammlers sind im alpinen Pflanzenschatz fast keine Grenzen gesetzt.

Eine vorbildliche Steinanordnung: Die großen Fugen bieten viel Lebensraum.

Geeignete Standorte

Ideale Flächen zur Gestaltung als Steinanlagen stellen sonnenbeschienene Plätze im Garten dar. Südlagen können mit den allermeisten Stauden und Gehölzen aus dem Gebirge bepflanzt werden. Südost- und Südwestlagen kommen ebenso als typische Steingarten-Standorte in Frage. Aber auch dunklere, nicht

direkt von der Sonne beschienene Flächen können zu interessanten Steinanlagen gestaltet und bepflanzt werden. Die Vorbilder solcher Schattenanlagen sind offengelassene und zum Teil wieder bewachsene Steinbrüche.
Für solche Standorte gibt es ebenfalls eine Anzahl von Pflanzenarten, mit denen man ungeahnt schöne Gartenbilder gestalten kann. Natürliche Neigungen und Gefälle in der Nähe des Hauses sind Standorte für Steinanlagen, die sich besonders anbieten, da man solche Neigungen durch die Steingruppierungen funktionell und ansprechend einfassen und dauerhaft befestigen kann. Interessant sind auch Punkte im Garten, die ständig im Blickfeld des Betrachters liegen, zum Beispiel am Rand eines Freisitzes oder einer Terrasse. Auch eine Teichrandbegrenzung mit Hilfe einer Steinanlage bietet interessante Gestaltungsmöglichkeiten.
Die Größe einer Anlage richtet sich immer zuerst nach der Größe vorhandener Gartenräume. Schon wenige Quadratmeter große Steingruppen lassen sich zu einem harmonischen Gesamtbild zusammenfügen. Man hüte sich aber vor einer übergroßen Steinanlage als Einzelthema, z. B. in einem Reihenhausgarten oder einem Vorgarten. Solche Anlagen erinnern an Monumentalbauten und erschlagen häufig die restliche Gartenfläche oder gar den Anblick des Hauses. Reizvoll kann jedoch eine kleinere Steinanlage im Hauseingangsbereich wirken. Rechts und links begrenzt sie beispielsweise den Wegeverlauf zum Hauseingang und übernimmt die Funktion eines steinernen Wächters oder einer »Begrüßungs-Steingruppe«.
Bei der Planung der Anlage sollte die Nähe von größeren Laubgehölzen tunlichst gemieden werden. Durch den Blattfall ist man im Herbst ständig zur Laubbeseitigung gezwungen. Denn unter einer drei bis vier Zentimeter mächtigen Laubschicht würden wertvolle Kleinpolsterarten schnell ersticken. Der Eintrag organischer Substanz fördert die Aktivität der Regenwürmer, die durch ihre Wühltätigkeit mühsam zwischen den Steinen festgewurzelte Stauden lockern. Im liegengebliebenen Laub siedeln Nacktschnecken und andere Pflanzenschädiger. Letztlich steigert sich durch den ungewollten Eintrag auch der Nährstoffgehalt des Substrats. Diese Beobachtung gilt ebenso für die Blütenblätter verschiedener Prunus- (Zierkirschen) und Malus-Arten (Zieräpfel) in den Monaten April und Mai. Kleine Laubgehölzarten als gestalterischer Hintergrund oder Begleiter dagegen sind durchaus angebracht.

Links: Steinanlage, Wasserstelle und Steppenheide gehen nahtlos ineinander über. – Rechts: Eine alpine Steinanlage, auf einer ehemaligen Rabatte gestaltet.

Letztlich bleibt noch festzustellen, daß die Nähe eines Wasser- und Stromanschlusses angebracht ist, besonders wenn man in Trockenperioden die Anlage bewässern muß bzw. den Steingarten beleuchten will. Häufig werden in größeren Steinanlagen auch Wasserfälle eingebaut, und es ist vorteilhaft, wenn der Strom zum Betrieb einer Pumpe bereits vorhanden ist.
Ein zusätzlicher Hinweis für Steingartengestalter mit Kleinkindern: Trennen sie Sandkasten oder Gartenspielplatz der Kinder räumlich vom Steingarten ab! Sehr schnell wird sonst eine Steinanlage trotz ständiger Mahnungen an die Kinder zu einem Abenteuerspielplatz mit Plastikindianern und Matchboxautos. Ein paar überschüssige Steine am Sandspielplatz schaffen sicher die nötige Ablenkung.
Umgekehrt stellen ausgediente Buddelkisten häufig die ersten Steingartenstandorte in älteren, gewachsenen Hausgartenanlagen dar. Nach und nach kann auch ein Teil der Rasenflächen oder Gartenbeete im nachhinein zu natürlichen Steinanlagen umgewandelt werden. Häufig bekommt ein Gartenbesitzer erst im Lauf der Jahre ein Gespür für mögliche Standorte auf seinem Grundstück, und so entstehen manche Steinanlagen in Gärten, die schon viele Jahre gewachsen sind.

Natürlichkeit statt gestalterische Strenge

Der Wunsch nach mehr Natürlichkeit bei der Schaffung des Wohnumfelds spiegelt sich heute auch in der Gartengestaltung wieder. Gerade im Ballungsraum der Städte und Gemeinden verspürt der Gartenbesitzer verstärkt die Funktionalität und Eintönigkeit seines Lebensraumes. Dieser Monotonie versucht er durch die Anhäufung möglichst vieler, natürlicher Materialien in seinem meist kleinen »Freiraum«, dem Garten, zu entfliehen. Dieser Flucht in der Natur verdanken ungezählte Gartenteiche, Feuchtbiotope, Wildstaudenpflanzungen und auch naturnahe Steinanlagen ihre Existenz.
Für naturnahe Steinanlagen sollten ausschließlich unbehauene, naturbelassene Steine verwendet werden. Man achte dabei auch stets auf unterschiedliche Steingrößen! Nach dem Einbau der Steine in die Anlage soll die Fläche unberührt wirken, die gestalterisch ordnende Hand des Gärtners darf nicht wahrzunehmen sein. In einem räumlich geordneten Garten ist die Wildnishaftigkeit einer Steinanlage durchaus nicht störend, sie kann je nach Lage zu einer Keimzelle neuer, naturnaher Gartenbilder werden. Bei Neuanlagen läßt sich der Schritt zum naturnahen Garten allerdings leichter durchführen.
Die Ursprünglichkeit der Steinanlage zwingt den Betrachter zu einer neuen Denkweise, Ordnungsprinzipien müssen neu überdacht werden. Architektonische Steingärten und Trockenmauern können aber auch bei Steinanlagen gestalterische Strenge zur Geltung bringen. Geradlinigkeit der Wegeführung, der Steinsetzung, der Verhältnismäßigkeit zwischen Werkstoff Stein und Werkstoff Pflanze sind Grundlagen dieser Gärten. Sauber behauene Mauersteine zeugen von hoher handwerklicher Leistungsfähigkeit des Gestalters. Geometrische Formen, rechtwinklige Linienführung stehen an erster Stelle.

Eine Wasserstelle im Steingarten (links) lockt viele Tiere an.

Unterschiedliche Steingarten-Typen aus jeweils zwei Perspektiven: freiliegend in einer Rasenfläche (oben), größere Anlage vor einer Hecke (Mitte), Kalkknollenstein-Anlage in Hausnähe (unten).

Gestalters voraus. Daher ist der Bau von natürlichen Steinanlagen für die meisten Gartenbesitzer viel eher durchführbar als die Schaffung architektonischer Steinanlagen. Ich möchte nicht verschweigen, daß die ordnende Strenge einer Anlage in passender Umgebung durchaus reizvoll sein kann. Berühmte Pflanzenfreunde wie Karl Foerster und Wilhelm Schacht haben sich dieses Gestaltungselements bedient. Architektonische Steinanlagen und Trockenmauern eignen sich hervorragend für die Raumteilung größerer, herrschaftlicher Gärten mit einem zentralen Wohnhaus und seiner strengen Architektur. Betrachten Sie also Ihr Wohnhaus und den Schnitt Ihres Gartens. In den allermeisten Fällen ist sicherlich die natürliche Anlage der architektonischen vorzuziehen. Und neben den örtlichen Begebenheiten spielt nicht zuletzt die Größe der Brieftasche beim Gartenbesitzer eine wesentliche Rolle.

Oben: Natürliche Hangschichtung einer Steinanlage in einem Hausgarten.
Rechts: Negatives Beispiel für eine unnatürlich aufrechte Anordnung der Steine.

Dem Betrachter wird sofort vermittelt, daß die gesamte Fläche fest geordnet ist. Schnell entsteht der Eindruck, daß in solchen Anlagen nichts dem Zufall überlassen wurde, der Gestalter hat die Natur fest im Griff. Solche Gartenbilder wurden in den 50er und 60er Jahren häufig gestaltet und in den Gärten ausgeführt. Neben hohem Zeitaufwand und Kosten setzen gerade solche Anlagen in großen Maßen handwerkliche Kenntnisse des

Das Steinmaterial

In der heutigen Kulturlandschaft findet man eine Menge künstlicher Steinanlagen. Dabei diente häufig das am Ort vorhandene Gestein als Werkstoff. Solche Steingruppierungen erfüllen mannigfaltige Aufgaben. Häuser oder Hausfundamente wurden daraus hergestellt, Wege und Plätze befestigt, Gärten und Parkanlagen mit Steinmauern eingefaßt. Unterschiedliche Höhen im Gelände (z. B. Weinberge) hat man mit Gestein geformt und modelliert. Futtertröge und Viehtränken wurden aus dem vorhandenen Gestein gefertigt. Steinmetze gestalteten Gedenksteine. Der bearbeitungsfähige Stein begleitet die Menschen seit einem Zeitabschnitt, der nach diesem Werkstoff benannt wurde - der Steinzeit.
Die Baumeister vergangener Epochen arbeiteten häufig mit Gesteinsarten, die in Blöcken transportiert und von weit her herangeschafft werden mußten. Das eindrucksvollste Beispiel bildet wohl der Marmor aus Carrara in Italien. Unzählige Bauwerke wurden mit dieser Gesteinsart verschönert. Künstlern wie Michelangelo diente dieser Stein als wichtigster Werkstoff. In Nordhessen beispielsweise sind Zechsteinkalke typisch. Zechsteinkalk aus einem Bruch des Diemelseegebiets schmückt das Portal des Aachener Domes. Scheinbar stellten die Transportkosten in damaliger Zeit noch kein so großes Problem wie heute dar. Die Frachtkosten der heutigen Zeit haben den Werkstoff Stein zu einem der kostenintensivsten Baumaterialien werden lassen.

Unterscheidungsmerkmale der Gesteinsarten

Die Gesteine und deren Vorkommen werden wissenschaftlich bearbeitet und erforscht. Man teilt die verschiedenen Arten nach ihrer Entstehungsgeschichte in drei Gruppen ein:
Durch vulkanische Tätigkeit in der Frühzeit unserer Erde entstanden die sogenannten Magmatite oder Erstarrungsgesteine, die an einigen Stellen der Welt (pazifischer Raum) auch heute noch durch aktive Vulkane entstehen. Zu dieser Gruppe gehören in erster Linie *Basalt* und *Granit*. Der *Basalt* entstand durch abkühlende Lava und Lavaschlacke an der Erdoberfläche. Basalte sind feinkörnig und weisen daher kaum Strukturen auf, die Farbe kann als blauschwarz bezeichnet werden. Zu dieser Gruppe gehört noch Diabas und Melaphyr.
Der *Granit* bildete sich in den erkalteten Schloten der Vulkane unter sehr hohem Druck. Granit ist grobkörnig. Das Erscheinungsbild und die Farbe sind vielgestaltig. Von grau über gelb bis rot reicht das Farbspektrum, meist weist es helle oder dunklere Einsprengungen vor.
Eine verwandte Steinart bildet die Gruppe der Ganggesteine. Der Hauptvertreter dieser Gruppe heißt Porphyr. Die Farbe dieser feinkörnigen Steinart mit Einsprengungen größerer Kristalle bewegt sich zwischen grauschwarzer und rötlicher Grundfarbe. Zusammen mit kristallinen Schieferformen, die zu den Metamorphitgesteinen gezählt werden, spricht der Fachmann auch von Hartgestein.
Durch Ablagerungen verschiedener Substanzen wurden Sedimentgesteine, also Ablagerungsgesteine ausgebildet. Typische Ablagerungsgesteine sind Sand- und Kalksteine. Durch Verwitterungsprozesse der vulkanischen Gesteinsarten konnten sich die ersten Sedimente bilden. Echte Verwitterungssedimente sind lockere, teilweise verdichtete Erden wie Ton, Sand, Lehm und Schluff. Stärker verdichtete Sedimente bilden die Sand- und Kalksteine. Bei den Kalken spielten häufig auch absterbende organische Substanzen eine wichtige Rolle für die Gesteinsbildung. Schneckenhäuser und Muschelschalen in einigen Kalksteinschichten liefern eindrucksvolle Eindrücke von der Gesteinsbil-

Natürliche Schichtungen eines Muschelkalks. Solche Standorte sollten dem Gestalter als Vorbild dienen.

Links: Ein Kalktuffbrocken wirkt kontrastreich zwischen Plattenkalken. Rechts: Zechsteindolomite im Laubwald mit wunderschöner Moos-Patina.

dung. Wasser und Wind regelten die Ablagerungsprozesse. Durch Sedimentierung ist diese Gesteinsgruppe schichtweise aufgebaut worden und kann somit auch heute noch schichtweise abgebaut und bearbeitet werden. Für Geologen sind solche Schichtungen wichtige Grundlagen für die Altersbestimmung der Erdoberfläche.

Die Gruppe der *Sandsteine* wurde in vielen Epochen der Erdgeschichte ausgebildet. Sandsteine haben eine weltweite Verbreitung. Farbe und Form sind äußerst vielgestaltig; Hauptbestandteile sind Quarzkörner, die unterschiedliche Größen aufweisen. Bei härteren Sandsteinen werden diese Quarzkörner durch Kieselsäure gebunden, weichere Sandsteine sind mit lehmigen oder tonigen Sedimenten gebunden. Sandsteine gibt es in roten, grauen, braunen, braunschwarzen, gelblichen und grünlichen Farbstufen. Für den Steingarten eignen sich besonders Bunt-, Keuper- und Kreidesandstein.

Auch *Kalksteine* wurden in unterschiedlichen Perioden der Erdentstehung ausgebildet. Sie bestehen aus sandigen, tonigen und fossilen Bestandteilen, die durch kohlensauren Kalk ($CaCO_3$) miteinander verbunden werden. Muschelkalke sind häufige Vertreter dieser Gruppe. Sie entstanden durch Meeresablagerungen. Teilweise enthalten sie wunderschöne Versteinerungen, die vor langer Zeit im Kalkschlamm eingebettet wurden.

Kalktuffe sind weiche und durchlässige Kalke, die auch heute noch an einigen Stellen kalksteinhaltiger Mittelgebirge durch Kalkauswaschung und schließlich durch Anlagerung in Wassernähe ausgebildet werden (Kalkquellen). Das Farbspektrum des Kalktuffs reicht von gelb bis weiß. An der Luft gelagert, härten die Kalktuffe schnell ab und sind dann ein ideales Baumaterial für Steinanlagen.

Als letzte Gruppe sollen hier die Plattenkalke erwähnt werden, die wegen ihrer feinen Struktur häufig plattenförmig in kleinste Teile abwittern. Besonders im Winter wird der Stein durch Wechselfeuchte und Frostsprengung stark angegriffen und die Oberfläche zerstört. Wegen dieser unangenehmen Eigenschaft sind Plattenkalke als Sichtstein ungeeignet. Als Packlage für den Untergrund sind sie aber aufgrund ihrer guten Verdichtungseigenschaften hervorragend geeignet. Wegen der wesentlich leichteren Verarbeitung von Kalk- und Sandsteinen spricht der Fachmann bei diesen Arten auch von sogenanntem Weichgestein.

Durch physikalische Kräfte, nämlich Druck- und Temperatureinwirkungen auf Erstarrungs- und Ablagerungsgestein, entstanden sogenannte <u>Umwandlungsgesteine</u> oder <u>Metamorphite</u>. Die wichtigsten Vertreter dieser Gruppen sind kristalline Schiefer. Als *Gneise* und *Quarzite* treten sie durch Druckeinwirkung meist schieferig, plattig auf. Auch die dunkelgrauen oder

Hartgestein

Basalt Festigkeit: sehr hart, dicht. Farbe: schwarz, dunkelgrün oder rötlich, auch Mischungen zwischen den drei Farben sind möglich. Vorkommen: Vogelsberg, Nordhessen, Rhön, Westerwald, Eifel.
Granit Festigkeit: wetterbeständig, hart. Farbe: hellgrau-blau, grau-gelbgrau, hellgrau-rötlich, hellgrau. Vorkommen: Oberpfälzer Wald, Fichtelgebirge, Harz, Schwarzwald, Odenwald, Bayerischer Wald.
Kristalliner Schiefer (Gneis) Festigkeit: granitähnlich, leicht spaltbar. Farbe: hell-dunkelgrau. Vorkommen: Tessin/Schweiz, Oberitalien, Alpenraum.
Schiefer Festigkeit: leicht spaltbar. Farbe: schwarz, dunkelblau. Vorkommen: Eifel, Hunsrück
Basaltlava Festigkeit: leichter bearbeitbar als Basalt, feinporig, porös. Farbe: blaugrau-schwarz. Vorkommen: Eifel, Nordhessen, Rhön.
Porphyr Festigkeit: hart, granitähnlich. Farbe: rötlich, gelbgrüngrau, grün. Vorkommen: Odenwald, Schwarzwald, Fichtelgebirge, Alpenraum

Weichgestein

Mainsandstein Festigkeit: hart, gut spaltbar. Farbe: rot. Vorkommen: Spessart.
Grauwacke Festigkeit: sehr hart. Farbe: grau. Vorkommen: Westerwald, Harz, Nordhessen
Wesersandstein Festigkeit: hart. Farbe: rot, hellgrau. Vorkommen: Weserbergland, Solling.
Nagelfluh-Geröllgemenge Festigkeit: sehr hart. Farbe: grau-gelblich. Vorkommen: Flußtäler im Alpenraum.
Kirchheimer Muschelkalk Festigkeit: hart, porös, gut bearbeitbar. Farbe: hellgrauer Grund mit Flecken. Vorkommen: Franken.
Solnhofer Kalk Festigkeit: plattig begrenzt, wetterbeständig. Farbe: weißgelb. Vorkommen: Altmühltal.
Travertin Festigkeit: Oberfläche porig (mit Kieselsäure-Überzug versiegelt) oder porös (unversiegelt); letztere kann Wasser aufnehmen und bildet leichter natürliche Patina; unterschiedlich fest. Farbe: gelbbraun. Vorkommen: Berge um Stuttgart.
Kalktuff Festigkeit: weich, stark porös, lufthärtend. Farbe: weißgelb. Vorkommen: Oberbayern, Schwäbische Alb.
Zechsteindolomit Festigkeit: weich, porös, unterschiedlich fest. Farbe: weiß-gelb. Vorkommen: Nordhessen.

schwarzen Schieferplatten gehören in diese Gruppe. Zur Eindeckung von Dächern und Verkleidung von Fassaden wird dieses Gesteinsmaterial noch heute verwendet. Im Steingarten verwendet man dickere Platten gerne zur Wegeführung und Steinschichtung.

Neuanlage aus Zechsteindolomit.
Der Weg wurde mit Kieselsteinen befestigt.

Kriterien zur Auswahl der Steine

Bei der Steinauswahl sollte der Planer einige grundsätzliche Aspekte beachten. Besonders wichtig ist, daß beim Bau der Anlage ausschließlich eine Gesteinsart eingesetzt wird. Die Verwendung verschiedener Gesteinsarten, wie z. B. weiße Kalke und dunkle Schiefer in Verbindung mit runden Granitfindlingen, wirkt störend. Die Steingruppen sollten farblich aufeinander abgestimmt und räumlich miteinander verbunden werden.
In der letzten Zeit gewinnt poröse, rote und braune Eifellava beim Bau von Steinanlagen an Bedeutung. Seltener werden Tuffe aus der Gruppe der Basalte verwendet. Die meisten Abbaustellen sind heute nicht mehr in Betrieb. In Nordhessen wurde bis zu Anfang dieses Jahrhunderts fast ausschließlich mit Basalttuffen gearbeitet. Ein eindrucksvolles Monument aus Basalttuff ist der Herkules, das Riesenschloß und Wahrzeichen Kassels. In den einzelnen Regionen unseres Landes treten verschiedene Zustandsformen und Konglomerate unterschiedlicher Gesteinsarten auf.

In Süddeutschland findet man im Bereich der Alpenflüsse häufig Nagelfluh, eine Gesteinsart, die an Waschbeton mit unterschiedlicher Korngröße erinnert. Kalkknollensteine, Kalksinter und Zechsteindolomit sind Gesteinsarten, die in den Kalkgebieten gefunden werden. Sie eignen sich durchaus zur Gestaltung einer Steinanlage, haben aber nur regionale Bedeutung.
Als letzte Gruppe sind die Findlinge und rundgewaschenen Kiesel anzusprechen. Beim Abtransport der Geröllmassen durch Eis und Wasser legten diese Steine häufig große Entfernungen zurück. In einem Steingarten oder einer alpinen Steinanlage sollten solche Exponate nicht verwendet werden, da sie den natürlichen Charakter in Frage stellen. Bestenfalls zur Modellierung eines Bachlaufes im Steingarten können einige unterschiedlich große und farbige Kiesel verwendet werden. Große Findlinge finden auch Verwendung im Heidegarten oder in typischen Kieselsteinbeeten.
Neben Form und Farbe der Steine ist auch die chemische Beschaffenheit und Reaktion von Bedeutung. Gerade alpine Stauden und Zwerggehölze haben häufig spezielle Ansprüche im Hinblick auf den pH-Wert des Substrates und des umgebenden Gesteins. Pflanzensammler, die auf eine Themenbepflanzung Wert legen, z. B. »Pflanzengesellschaften der Kalkalpen«, müssen zwangsläufig auf basische Gesteinarten, nämlich Kalkstein, in seinen Zustandsformen zurückgreifen. Die Gruppe der Alpenpflanzen mit sauren Substratansprüchen wächst an den Naturstandorten meist auf silikatischen Gesteinen. Wer solche Pflanzen in seiner Anlage kultivieren will, greift auf Urgestein wie Granit und Melaphyr oder metamorphes Hartgestein wie Gneis oder Quarzit zurück. Basalte und Travertine gehören zwar auch zu den Urgesteinsarten, sind aber je nach Herkunft basenreich und im sauren Kulturbereich nur mit Vorsicht zu verwenden.

Fossile Abdrücke sollte man beim Einbau der Steine möglichst gut sichtbar in der Anlage integrieren.

Eine genaue Information über den pH-Wert der vorgesehenen Gesteine liefert eine pH-Wert Messung. Man nimmt von mehreren zum Steingartenbau vorgesehenen Brocken mit Hammer und Meisel eine Steinprobe aus einzelnen Splittern ab. Durch Zerkleinern der Splitter mit dem Fäustel stellt man sandkorngroße Proben her.
Mit einfachen pH-Metern wie dem *Hellige-pH-Meter* oder Lackmus-Indikatoren kann nun der Wert festgestellt werden. Diese Mühe macht sich immer bezahlt, weil bei ungeeigneten Steinarten später häufig Schäden an den Pflanzen auftreten. Für Pflanzen mit sauren pH-Wert-Ansprüchen sind Werte des Steins zwischen 3,5 und 5 geeignet. Pflanzengruppen mit alkalischen Substratansprüchen bevorzugen Werte zwischen 6,5 und 8,5. Für einfache Steinanlagen ohne besondere Gestaltungs- und Bepflanzungswünsche spielt die chemische Zusammensetzung der Steine eher eine untergeordnete Rolle.

Beschaffung des Steinmaterials

Ansprechpartner für die Beschaffung des Steinmaterials sind Naturstein-Hersteller, Steinbrüche, Naturstein- und Baustoffhändler. Aufgrund des großen Gewichtes ist es sinnvoll, Steine immer aus der Nähe der zukünftigen Anlage zu

Links: Granite – eine Gruppe innerhalb des vielgestaltigen Werkstoffs Stein. Rechts: Manche Kalksteine weisen Vertiefungen auf, die gut bepflanzbar sind.

beziehen. Dadurch werden die hohen Frachtkosten beträchtlich reduziert. Eine genaue Mengenplanung reduziert die Kosten ebenfalls. Häufig prägen regionale Steinvorkommen die Gartenlandschaften der Nachbarschaft, und es wäre unklug, diesen ruhigen Gesamteindruck zu unterbrechen. Vor dem Kauf lohnt außerdem immer ein Preisvergleich der verschiedenen Anbieter.

Bei Verwendung großer Steine vereinbart man zweckmäßigerweise den Transport der Steine zum Grundstück gleich gemeinsam mit dem Einbau am vorgesehenen Standort. Firmen des Garten- und Landschaftsbaus übernehmen diese Aufgabe. Die Steinsetzung wird häufig durch eine vorher vereinbarte Pauschale oder im Stundenlohn abgerechnet. Auf der Suche nach geeigneten Steinen lohnt es sich, im örtlichen Grünflächen- oder Gartenamt der Stadt oder auf dem Bauhof der Gemeinde vorzusprechen. Aus dem Abriß alter Mauern, Fundamente oder anderer Baulichkeiten kann so manches Altsteinlager als kostengünstiger Fundort erschlossen werden. Auch eine Nachfrage bei Tiefbauunternehmen und Abbruchfirmen kann erfolgreich sein. Die Anschriften findet man im Branchenfernsprechbuch oder bei der Telefonauskunft. Betreiber des Baugewerbes sind ebenfalls Ansprechpartner. In ländlichen Bereichen fallen auch durch die Feldbearbeitung Gesteine an, die zum Bau von Steinanlagen geeignet sind. Meistens werden diese Brocken mit Größen zwischen Kopfgröße und mehreren Zentnern auf Lesesteinhaufen zusammengetragen.

Grundsätzlich muß darauf hingewiesen werden, daß das Sammeln freiliegender Steine gesetzlich verboten ist. Nachfragen bei Naturschutzbehörden sind dringend erforderlich, ebenso die Feststellung des Besitzers. Absprachen mit den Landwirten eröffnen häufig neue Lieferquellen. Alte, bewachsene Feld- und Lesesteinhaufen sollten im Interesse des Natur- und Artenschutzes nicht berührt oder gar ausgebeutet werden. Für viele Tierarten sind solche Steinhaufen wertvollste Biotope in der rundherum ausgeräumten Agrarlandschaft.

Der Aufbau der Anlage

Nachdem der Standort der Anlage in gründlicher Planung festgelegt wurde, kann mit den Vorbereitungen begonnen werden. Leichte Neigungen werden durch Schicht- oder Trockenmauern abgefangen und gestützt. Auf den erhöhten Flächen werden in lockeren Verbänden einzelne Steine zu Gruppen vergesellschaftet. Sind keine natürlichen Höhenunterschiede in der Anlage vorhanden, kann man diese durch Aufschütten von Füllmaterial modellieren. Oft haben Anlagen in Neubaugebieten den Vorteil, daß in Grundstücksnähe noch Bauabfälle wie Mauersteine, Kies und Sand vorhanden sind, die ideale Untergrundfüller darstellen.

Erdarbeiten

Die Grundfläche der Anlage wird mit Handwerkzeugen gelockert und vollständig von Wurzelunkräutern befreit. Um die Rhizome vollständig zu entfernen, sollte das Erdreich etwa ein Jahr lang beobachtet und falls notwendig bearbeitet werden. Diese intensive Vorarbeit lohnt unbedingt, denn nichts ist schwieriger, als aus der Tiefe aufsteigende Rhizom-Unkräuter wie Zaunwinde, Ackerschachtelhalm, Distel, Quecke oder Giersch in Steinanlagen zu bekämpfen. Durch unsachgemäße Vorarbeit werden in den meisten Fällen gravierende Fehler verursacht, die es nach Jahren notwendig machen, daß die Fläche nochmals umgestaltet werden muß. Nachdem sämtliche Unkräuter entfernt sind, kann mit der Grobmodellierung begonnen werden.

Drainage

Wasserundurchlässige und dichte Bodenschichten werden durch Einmischen von Kiesen und Sanden durchlässig gemacht. Häufig können gerade in Neubaugebieten noch vorhandene Estriche, Putzsande, Betonkiese und Steinabfälle in den Untergrund der Anlage eingebaut werden. Solche Materialien haben eine wirkungsvolle Drainagewirkung und verhindern die Bildung von Staunässe.
Höhere Punkte der Anlage werden durch Aufschichtung des Abtragmaterials geformt, welches bei den Vertiefungen anfiel. Nach Möglichkeit sollten die aufgebauten Erdschichten mit einem Stampfer unter leichtem Druck verdichtet werden. Stufenweise verstärkt man die Verdichtung des Anlagekerns, so daß er auch große Gewichte später aufliegender Steine und Substrate tragen kann. Ständiger Sand- und Kieseintrag während des Verdichtungsvorganges beschleunigt eine schnellere Verfestigung des Kerns. In Gebieten mit schweren Böden, wie Ton- oder Lehmböden, verwendet man sinvollerweise Packlagen-Gemische des Wegebaus zur Herstellung des Steingartenkerns, z. B. Kalk- oder Basaltschotter. Erdfeuchte Substanzen lassen sich besser verdichten als angetrocknete oder zu nasse Substrate. Bei trockener Witterung ist es zweckmäßig, das Füllsubstrat leicht anzufeuchten. Überschüssiges Bodenwasser ist hingegen nur schwer zu verdrängen. Der Kern bestimmt unveränderlich das Erscheinungsbild der Steinanlage.

Setzung und Gruppierung der Steine

Der nächste Arbeitsabschnitt wird durch die Herstellung kleinerer Mulden und flacher Vertiefungen eingeleitet. Mit Flachschüppe (Schaufel) und Pflanzschaufel schafft man so die Lagerflächen der großen Steine. Die in der Nähe zwischengelagerten Steine werden jetzt mit geeigneten Werkzeugen sowie Transportmitteln wie Schubkarre, Sackkarre oder Trageriemen an die vorgesehenen Standorte transportiert und eingebaut.
Die Sicherheit des Handwerkers ist gerade beim Steintransport eine absolute Notwendigkeit. Der »Arbeitsplatz« ist so einzurichten, daß Ausrutschen oder gar ein Sturz ausgeschlossen werden kann. Sinnvollerweise besorgt man genügend Holzbohlen, um auch bei hoher Bodenfeuchtigkeit trittsicher arbeiten zu können. Umherliegendes Werkzeug birgt Gefahren, es wird vor dem Steintransport zur Seite gelegt. Grundsätzlich trägt man bei der Arbeit mit schweren Steinen Sicherheitshandschuhe und feste Arbeitsschuhe mit Stahlkappe.
Erfahrungsgemäß lassen sich auch schwere Steine durch Hebeltechniken und Holzunterlagen bewegen. Trotzdem sollten bei der Steinschichtung immer mehrere Personen anwesend sein. Leicht überschätzt man die eigenen Kräfte und unterschätzt das Gewicht der Steine. Vor dem gemeinsamen Steintransport sollte man die notwendigen Bewegungen mit den Helfern absprechen, um während des Tragevorgangs Mißverständnisse und somit Gefahren zu vermeiden.
Der Einbau der Steine erfolgt nach natürlichen Gesetzmäßigkeiten. Jedes Element ist bestrebt, den Zustand der größtmöglichen Ruhe zu erreichen. In der Praxis wählt man die größte Oberfläche des Steins als Auflagefläche aus. Nur bei Steinen mit interessanter und dekorativer Oberfläche kann da hin und wieder eine Ausnahme gemacht werden. Man vermeide aber unnatürliche Schichtungen: Hochkant eingebaute Steine als Einzelobjekte wirken wie Denkmäler und inte-

grieren sich nur schwer in das Gesamtbild.

Der Stein muß fest mit dem Untergrund verbunden werden. Hohlräume werden mit Sand und Untergrundsubstraten verfüllt. Der Stein muß trittfest verlegt sein und darf sich bei Belastung nicht bewegen oder gar umkippen. Durch Feststampfen mit dem Fäustelhammer läßt sich schnell die gewünschte Stabilität herstellen. Durch einige kleinere Steinbrocken wird die Anlage abgerundet; sie schaffen die räumliche Gliederung der Anlage und wirken wie Brücken. Außerdem lassen sie sich zur Schichtung »lockerer Bänder« (geschwungene Linien aus größeren und kleineren Steinen) verwenden. Gute Vorbilder liefern lose Geröllsteinmauern auf Hochalmen im Gebirge. Größere, locker verlegte Steine bilden das Fundament. Auf diese Grundlage kann man je nach Bedarf zwei bis drei lockere Steinhaufen aufschichten. Die Zwischenräume werden mit tonigen Füllsubstraten ausgekleidet und sind ideale Hangbefestiger und wertvolle Pflanzenstandorte.

Erden, Substrate und Beischlagstoffe

Ist die Setzung der Steine und die Aufschichtung der Landschaft abgeschlossen, wird anschließend die eigentliche Pflanzerde in die Anlage eingebracht und verteilt. Steingartenerden sollten locker und gut wasserdurchlässig sein. Überschüssiges, beim Untergrundbau anfallendes Erdreich stellt die Grundlage dar. Mit einer Hacke und einem Pflanzspaten lockert man verklumpte Erdbrocken und breitet den Haufen flächig aus. Bei der Wahl der Zuschlagstoffe unterscheidet man nach dem Säurewert.

Einerseits gibt es **kalkhaltige, alkalische Mineralien** für Pflanzungen, die auf Kalkgehalte im Boden angewiesen sien. Feiner Kalksteingrus, Korngröße 0 - 8 mm, ist preisgünstig und eignet sich hervorragend zur Beimischung ins Erdreich. Alternativ kann man auch alkalische Sande und Kiese einbringen. In

Bau einer schmalen Steinanlage: Herstellen des Unterbaus ①, Materialien heranschaffen ②, mit den Füßen verdichten ③ und Steingruppen einbauen ④.

① 

②

③ 

④

Der fertige Steingarten nach einem Jahr: Größere Steingruppen schaffen ein abwechslungsreiches Bild.

älteren Anlagen wurde häufig Bimskies verwendet, der heute durch die Abbauproblematik immer schwerer zu beschaffen ist. Außerdem ist Bims teuer in der Anschaffung.
Unkrautfreier, ausgereifter Gartenkompost oder kompostierte Rasenerde werden abschließend eingemischt. Anstelle von Kompost verwendet der Landschaftsgärtner auch Einheitserde Typ P, sogenannte Pikiererde. Günstige Mischverhältnisse ergeben sich aus der Verwendung von Gartenerde, Splitt und Kompost oder Einheitserde im Verhältnis 3:2:1. Das Substrat sollte einen pH-Wert zwischen 6,5 und 8 aufweisen, also im neutralen bis alkalischen Bereich. Kurzfristig kann durch Beimischung von Kohlensaurem Kalk ($CaCO_3$) der pH-Wert leicht erhöht werden.
Erden und Substrate für Pflanzen, die **saure Standorte** benötigen, werden durch Mischungen von Gartenerde, Torf, Quarzsand und eigenen Nadelkomposten hergestellt. Gute Ergebnisse erzielt man durch ein Mischverhältnis 2:2:1:1. Besonders niedrige pH-Werte erzielen Fichtennadel-, Kiefernnadel-, Lärchennadel- und Eichenlaubkomposte. Solche Beimischungen sollten mindestens zwei bis drei Jahre alt und gut ausgereift sein. Der pH-Wert des Substrates für Pflanzen mit niedrigen pH-Wert-Ansprüchen sollte sich zwischen 4,5 und 5,5 einpegeln.
Die fertigen Erdmischungen werden nun zwischen den Steinen verfüllt. Durch Verwendung einer Hacke und einer Pflanzschaufel wird das Oberflächensubstrat des Steingartenkerns angerauht und das Füllsubstrat durch leichtes Andrücken mit dem Untergrund innig verbunden. Bodenlebewesen sorgen später für einen guten Humus- und Mineralstoffaustausch zwischen den Substratschichten. Gute Pflanzsubstrate werden von Stauden und Gehölzen schnell durchwurzelt und besiedelt.

Abdeckmaterial

Nach erfolgter Substratverfüllung sollte die Erdoberfläche durch eine mineralische Mulchschicht bedeckt werden. Solche Abdeckungen verhindern eine Auswaschung oder ein Abspülen des Pflanzsubstrates vor und nach der Bepflanzung.
Die Abdeckschicht wirkt wie eine Mulchdecke: Bodenfeuchtigkeit steht der Pflanze länger zur Verfügung, und das Kleinklima der Anlage wird durch gleichmäßige Luftfeuchtigkeit positiv beeinflußt. Anfliegende Unkrautsamen gelangen selten zur Keimung und finden in dieser mineralischen Schicht nicht genügend Nährstoffreserven vor, so daß sie verkümmern.
Je nach dem Ziel einer späteren Bepflanzung muß wieder auf die chemische Zusammensetzung des Mulchmaterials geachtet werden. Für kalkliebende Bepflanzungen eignen sich gesiebte Kalkschottersteine zwischen 2 und 16 mm Korngröße sowie Bimskies in handelsüblicher Körnung. Die Farbe des Abdeckmaterials sollte der Färbung der verwendeten Gesteinsart angepaßt sein. Dunklere Kalksteinanlagen sollten daher eher mit Basalt- oder Diabasschotter abgedeckt werden, wie sie im Wegebau Verwendung finden.
Ideale Abdeckungen für Bepflanzungen mit sauren Bodenansprüchen stellen quarzhaltige Kiese dar. Das Farbspektrum umfaßt hier die meisten Schattierungen. Rötliche bis braune Oberflächenfarben erzielt man bei der Verwendung von rotem Eifellavaschotter, der häufig als

Oben: Die Pflanzoberfläche dieser alpinen Anlage wurde mit Kies abgedeckt.
Unten: Nach dem Setzen der Steine ist das Substrat aufzufüllen.

Oben links: Enge Steinfugen wechseln hier mit Geröllfeldern.
Oben rechts: Dieser Vorgarten wurde vollständig zu einer großen Steinanlage umgestaltet.
Unten: Auf engstem Raum können viele Arten siedeln.

Beischlagstoff zu Straßenbaum-Pflanzungen verwendet wird und über den Fachhandel bezogen werden kann.
Die Mächtigkeit der Abdeckschicht richtet sich nach der Wuchsfreudigkeit und Größe der vorgesehenen Bepflanzungen. Kleinpolster und Zwergstauden bevorzugen Abdeckungen zwischen 0,5 und 2,5 cm Stärke. Größere Arten vertragen Abdeckungen zwischen 2,5 und 4 cm Mächtigkeit. Wird die Bepflanzung zu einem späteren Zeitpunkt durchgeführt, so sollte die Abdeckschicht von den vorgesehenen Pflanzlöchern entfernt werden. Nach der Stauden- oder Gehölzpflanzung wird die Abdeckung um die Pflanze verteilt, der Wurzelhals vorsichtig eingebettet und das Abdeckmaterial leicht angedrückt. Durch Angießen der Neupflanzung wird dann automatisch wieder Kontakt zwischen dem Unterboden und der Abdeckung hergestellt.

Gestalterisches Beiwerk

Zum Nachempfinden natürlicher Landschaftsbilder bedient man sich in Steinanlagen gerne abgestorbener Baumholzteile. Knorrige Wurzeln und mit Flechten und Moosen besiedelte Stamm- und Astteile sind ansprechende Gestaltungshilfen. Je nach der Größe solcher Exponate ist es sinnvoll, diese schon vor der Bepflanzung der Anlage einzubauen. Die Größe dieser Gestaltungselemente sollte immer im Verhältnis

zur Anlage stehen. Man hüte sich vor der Schaffung unnatürlicher Bilder. Alte Baumwurzeln müssen mindestens dreißig bis vierzig Prozent im Boden versenkt werden. Auf keinen Fall sollte die Oberseite nach unten gerichtet werden oder umgekehrt. Grundsätzlich sollte man möglichst wenig Holzteile verwenden, diese aber geschmackvoll plazieren. Keinesfalls darf die Steinanlage an einen abgestorbenen Wald erinnern.
Solche ehemaligen Wälder sind in Steinanlagen denkbar ungeeignet. Aufgrund hoher Säurekonzentration im Holz sind Eichenwurzeln länger haltbar und daher eher zu empfehlen als leicht zersetzbare Wurzeln von Kiefer, Tanne und Fichte. Eichenwälder sind Fundorte alter Wurzelstubben mit schönem Flechten- und Moosbewuchs. Immer sollte man aber vor dem Ausgraben der Baumwurzeln das Einverständnis der örtlichen Forstverwaltung oder des Waldbesitzers einholen.
Sommertrockene Bachläufe im Gebirge sind häufig Fundorte bizarr geformter, sonnengebleichter Wurzel- und Astteile alpiner Gehölze. Diese werden durch Lawinen und Schmelzwasser im Frühjahr zu Tal befördert und reiben sich an den Steinen des Bachbettes zu interessanten Formen. Solche Fundstücke sind schöne Urlaubsmitbringsel und schaffen bei sparsamer Verwendung in der Steinanlage eindrucksvolle Bilder.

Mineralien und Fossilien

Mineraliensammler bauen ihre Sammlungen gerne in Steinanlagen ein. Gegen einige Stücke ist sicher nichts einzuwenden. Man hüte sich aber vor unnatürlichen Schichtungen und Überfüllung der Anlage durch Fossilien und andere Versteinerungen. Außerdem finden solche Ausstellungsstücke schnell »neue Besitzer«, wenn man schöne Steine in Anlagen verwendet, die allgemein zugänglich sind. Interessantere und anspruchsvollere Demonstrationsflächen bieten kleine Steinanlagen in Trögen, Schalen und anderen Gefäßen. Der Gestalter kann in kleineren Flächen solche Schaustücke durch gezielte Verwendung von Kleinpolsterbildnern wie *Draba-* (Hungerblümchen), *Dianthus-* (Nelken) oder *Saxifraga*-Arten (Steinbrech) wesentlich wirkungsvoller ins Bild setzen, als das in größeren Anlagen möglich ist.

Eindrucksvolle Steinanlage in Hausnähe. Steine und Pflanzen sind eng auf die Umgebung abzustimmen. Linke Seite: Mischen der Substrate, Aufbau des Kerns, Schichtung der Steine und Bepflanzung.

Pflanzung und Pflege

Grundsätze zur Bepflanzung

Steinanlagen wirken auf den Betrachter neben dem Steinmaterial selbst vor allen Dingen durch eine ansprechende Bepflanzung. Bei der Auswahl geeigneter Pflanzen orientiert sich der Gestalter in erster Linie an der Blühfreudigkeit der einzelnen Arten. Oft bleiben solche unberücksichtigt, die weniger durch Blütenfülle, sondern mehr durch schöne Polster- und Rosettenformen oder Blattzeichnungen auffallen. Gerade aber in der Vielzahl verschiedener Farben *und* Formen zeichnet sich der Steingarten aus. Stauden, Gehölze und Zwiebelpflanzen bilden gemeinsam ein lebendiges Pflanzenbild, das zu jeder Jahreszeit reizvolle Stimmungsbilder liefert.
Bei der Auswahl der Arten sollte man außerdem stets auf die Wuchsfreudigkeit achten, um einen Verdrängungswettbewerb einzelner Gruppen auszuschließen. Größere Polster und Flächendecker pflanzt man sinnvollerweise an den Rand der Anlagen, um so optisch eine Überleitung zwischen benachbarten Gartenbereichen und der Steinanlage herzustellen. Engere Steinfugen beherbergen die kleineren, zierlicheren Arten mit schwächeren Wuchseigenschaften.
Der Flächenbedarf der einzelnen Arten ist unterschiedlich. Starkwüchsige Polsterstauden benötigen eine Pflanzdichte von drei bis fünf Pflanzen pro Quadratmeter, z. B. Blaukissen *(Aubrieta)* oder Hornkraut *(Cerastium)*. Bei schwachwüchsigen Staudenarten benötigt man acht bis zwölf Pflanzen pro Quadratmeter, z. B. Grasnelke *(Armeria)* oder Primeln *(Primula)*. Zwergige Polster- und Rosettenstauden können mit über zwanzig Pflanzen pro Quadratmeter, z. B. Steinbrech-Arten *(Saxifraga)* oder Hungerblümchen *(Draba)*, bepflanzt werden. Gehölze sind je nach Wuchsform entweder einzeln oder in kleineren Gruppen zu verwenden, der Standort ist abhängig vom Gesamtbild der Anlage. Unnatürlich wirkt ein übergroßes Solitärgehölz als Mittelpunkt oder gar Gipfelpflanzung in der Steinanlage.
Die günstigste Pflanzzeit liegt im Frühjahr zwischen März und Mai, aber auch Sommer- und Herbsttermine können wahrgenommen werden, wenn ausreichend Feuchtigkeit zur Verfügung steht. Gehölze pflanzt man am besten in den Monaten April oder September und Oktober. Zwiebel- und Knollenpflanzen sollten im Herbst in die Anlage eingebracht werden. Sie können aber auch - in Töpfen vorkultiviert - noch zur Blütezeit gepflanzt werden. Grundsätzlich sollten nur gesunde und optisch einwandfreie Pflanzen erworben werden. Vor dem Austopfen der Pflanzen stellt man die Arten an ihre vorgesehenen Standorte. So kann man schon vor der eigentlichen Pflanzung interessante Vergesellschaftungen vornehmen und Formen und Farben aufeinander abstimmen.

Schwachwüchsige Arten werden am besten in Steinfugen gepflanzt.

Zu der Planskizze auf Seite 30/31: Gestalterischer Mittelpunkt ist der bepflanzte Stein. Kleine Steingruppen verbinden Gehölze und Stauden. Die dargestellte Anlage beherbergt mehr als zwanzig verschiedene Pflanzenarten.

1. *Saxifraga x pubescens*
2. *Saxifraga haagi*
3. *Saxifraga apiculata* 'Alba'
4. *Sempervivum wulfenii*
5. *Saxifraga multipunctata*
6. *Saxifraga lantoscana*
7. *Saxifraga lilacina* »Cranebourne«
8. *Thymus* 'Elfin'
9. *Androsace watkinsii* 'Sheriffii'
10. *Saxifraga* 'Lindau'
11. *Saxifraga burserana* 'Sulphurea'
12. *Primula auricula*
13. *Androsace mucronifolia*
14. *Saxifraga* 'Sündermann'
15. *Saxifraga* 'Southside Seedling'
16. *Saxifraga portae* 'Multipunctata'
17. *Acantholimon glumaceum*
18. *Saxifraga eudoxiac*
19. *Saxifraga aizoon*
20. *Picea abies* 'Echiniformis'
21. *Sedum album*

Bei der Vorplanung bedient man sich farbiger Fachbücher oder Kataloge, die die Lieferanten zur Verfügung stellen. Pflanzensortimente für Steingärten werden in der Regel auch in Gartencentern angeboten, ausgefallenere Arten erhält man in speziellen Staudengärtnereien. Gehölze werden von Gartenbaumschulen und spezialisierten Steinpflanzen-Gärtnereien angeboten.
Vor dem Pflanzvorgang werden die Topfballen auf Schädlinge wie Wurzelläuse oder Wurzelälchen kontrolliert. Vorhandene Einjahresunkräuter und Moose, die auf der Oberfläche des Topfballens siedeln, werden ebenso sorgfältig entfernt wie vorhandene Rhizome von Unkräutern oder Gehölzsämlingen. Gut durchwurzelte Ballen sind ein wichtiges Kriterium beim Erwerb der Pflanze. Stauden und Gehölze mit schwach durchwurzeltem Topfballen fallen schnell auseinander.

3
19
3
20
21
4
7
5
1

17
16
15
2
18
14
13
11
2
9
10
12

Einzelne Steingruppen werden durch Gehölze und Stauden überbrückt.

Solche Arten kümmern und wachsen nur unter besonderer Pflege und intensiver Betreuung an. Intakte Ballen dagegen garantieren in der Mehrzahl ein schnelles Anwachsen im neuen Lebensraum.
Bevor die Pflanzen an den vorgesehenen Standorten eingebracht werden, sollten die Wurzeln ein intensives Bad erhalten, bis der gesamte Ballen gesättigt ist. Der Wurzelballen verbleibt dazu solange im Wasser, bis keine Luftblasen mehr aufsteigen. Trockenschäden können so schon vor der Pflanzung verhindert werden. Mit einer Handschaufel oder einem Pflanzholz werden die Zwiebeln und Stauden gepflanzt und fest angedrückt. Zusätzlich kann man im Wurzelbereich der Stauden kleinere Steinbrocken fest mit andrücken, um die Pflanzen intensiv mit dem Erdreich zu verbinden. Vorhandenes Abdeckmaterial wird um die Pflanzung verteilt und ebenfalls angedrückt. Abschließend ist die Neupflanzung intensiv anzugießen.
Pflanzlöcher für Gehölze werden mit dem Pflanzspaten ausgehoben. Stark verwurzelte und verfilzte Ballen sollten mit einem Einzink (kleine Kralle) oder einer Pflanzschaufel aufgerauht werden. Danach werden auch diese Ballen in Wasser getaucht und verbleiben solange im Wasserbad, bis keine Luftblasen mehr aufsteigen. Nach dieser Maßnahme kann man sie am vorgesehenen Standort einpflanzen. Durch Andrücken von Hand bzw. Festtreten mit dem Fuß oder einem Stampfer wird der Ballen fest mit dem Untergrund verbunden und intensiv angegossen. Rhododendron und andere Arten mit dichtfaserigen Wurzelballen können sogar im Pflanzloch eingeschlämmt werden.
Die beabsichtigte Wuchsrichtung wird durch den Pflanzvorgang mitbestimmt; Gehölze können sogar angeschrägt eingepflanzt werden, das heißt, die Krone wird in einem mehr oder weniger geneigten Winkel ausgerichtet. Schief eingepflanzte Gehölze vermitteln recht schnell natürliche Bilder windgepeitschter Laub- oder Nadelbäume,

die am Fels angekauert dem Sturm trotzen. Auch hier sind Beobachtungen von Naturstandorten nützlich, um schöne, ansprechende Pflanzungen in der Steinanlage nachzuempfinden.
Zwiebel- und Knollenpflanzen sollten in Gittertöpfen kultiviert und ausgepflanzt werden, um eine starke Flächenausbreitung zu vermeiden. Einige Arten, wie Lerchensporn *(Corydalis)* und Winterling *(Eranthis)*, können durch starkes Umherwandern das Gesamtbild der Anlage störend beeinflussen. In Gittertöpfen angesiedelte Zwiebel- und Knollenpflanzen entwickeln sich im Laufe der Zeit zu wunderschönen, starken Pflanzenhorsten.

Alpine Anlage eines Sammlers. Die Etiketten stören allerdings das Gesamtbild.

Naturschutz

Bei Bergwanderungen und Ausflügen ins Gebirge entdeckt der Pflanzenfreund eine Reihe schöner Wildstauden und Gehölze, die er gerne in seiner Steinanlage kultivieren möchte. An dieser Stelle möchte ich darauf hinweisen, daß **die allermeisten alpinen Stauden und Gehölze** unter Naturschutz stehen, das heißt, sie **sind gesetzlich geschützt**. Außerdem ist das Ausgraben am Naturstandort nur in den wenigsten Fällen erfolgreich, weil meist nur ein Teil der Wurzel erreicht wird und die Pflanze auf dem Heimweg schon häufig abstirbt. Der Natur entnommene Gebirgspflanzen kümmern im heimischen Steingarten oder vegetieren dahin. Sie vermitteln einen trostlosen Anblick, nichts erinnert mehr an die Schönheit der Pflanze am Wildstandort. Der Großteil der heimischen Arten wird heute in Gebirgspflanzen-Gärtnereien vermehrt und auf die Kulturansprüche in den Steingärten vorbereitet. **Der verantwortungsbewußte Pflanzenfreund erfreut sich daher an dem herrlichen Bild in der Natur und bezieht seine Pflanzen beim Gärtner.**

Pflegemaßnahmen in den Jahreszeiten

Steingärten gehören erfahrungsgemäß zu den Gartenbereichen, denen man mehr Aufmerksamkeit widmet. Nach der Gestaltung und Bepflanzung der Anlage gehört die Bekämpfung keimender Unkräuter und die Bewässerung in Trockenphasen zu den wichtigsten Pflegearbeiten. Nachdem im Frühjahr der letzte Schnee vergangen ist und starke Fröste ausgeschlossen werden können, werden die Abdeckungen aus Nadelreisig entfernt. Strohabdeckungen sind weniger geeignet, da sich dort schnell Mäuse einnisten und ganze Anpflanzungen innerhalb eines Winters auffressen können.
Restliche Laubblätter, die im Herbst in die Anlage gelangten, werden zusammen mit abgestorbenen Pflanzenteilen sorgfältig entfernt. Auch die Samenstände des Vorjahres können jetzt entfernt werden. Eventuelle Verdichtungen des Substrates durch große Schneelast werden durch Auflockern mit einer kleinen Kralle oder einem Einzink belüftet, um die Sauerstoffversorgung der Wurzeln der Stauden und Gehölze zu fördern. In kleinen Steinfugen eignet sich eine ausgediente Küchengabel zur Auflockerung des Substrats. Dabei ist darauf zu achten, daß im Boden ruhende Zwiebel- und Rhizomteile nicht beschädigt werden.
Durch Markierungen mit Stecketiketten oder kleinen Holzstäbchen können Zwiebelstandorte und Pflanzflächen gekennzeichnet werden. Lockerungsmaßnahmen dürfen aber nicht zu einer starken Vermischung zwischen der mineralischen Mulchschicht und dem unterliegenden Boden führen, da sonst anfliegende Unkrautsamen günstige Voraussetzungen für ihre Keimung finden würden.

Abgestorbene und erfrorene Zweige und Äste von Laub- und Nadelgehölzen werden sauber ausgeschnitten und entfernt. Im Frühjahr sollten die Samenstände des Vorjahres weggeschnitten werden, um den Neutrieb der Pflanzen nicht zu beeinträchtigen. Unleserliche Etiketten werden entfernt und durch neu beschriftete ersetzt.
Nach dem Durchtrieb der Stauden im Mai können Arten ausgetauscht werden, die den Winter nicht überstanden haben. Eventuelle Pflanzpläne werden überarbeitet und ergänzt. Im Sommerhalbjahr wird die Anlage ausreichend mit Wasser versorgt und keimendes Unkraut sorgfältig entfernt. Nach und

Ein Juwel im Steingarten: Der heimische Frauenschuh liebt die Nähe des Kalksteins.

nach können reife Samen geerntet werden, womit eventuell eigene Vermehrungsversuche unternommen werden können. Mit Beginn der kalten Jahreszeit im Oktober/November werden die Neupflanzungen locker mit Nadelgehölzzweigen abgedeckt, um Frostschäden vorzubeugen. Die Auflage muß eine Luftzirkulation ermöglichen, damit darunter keine Fäulnis entsteht.

In einer naturnahen Anlage sollte man nach Möglichkeit keine Pflanzenbehandlungsmittel einsetzen. Mit Hilfe der Tierwelt wird ein Großteil der »Schädlinge« natürlich bekämpft. Sollte eine Pflanze an einem bestimmten Standort immer wieder versagen, kümmern oder gar eingehen, ist ein Standortwechsel anzuraten. Häufig sind ungeeignete Pflanzflächen ein Grund für massiven Schädlingsbefall oder Wachstumsstörungen.

Üppiges Polster eines Vorfrühlings-Steinbrechs. Die Pflanze hat sich an diesem Standort spontan ausgesät.

Staudenauswahl für größere Steinflächen in sonniger Lage

Bei der Wahl geeigneter Pflanzenarten sollte sich der Gestalter sinnvollerweise immer an der Lage des Standortes der Steinanlage orientieren.
Neben der Größe der Anlage und der ausgewählten Gesteinsart spielt hier die Sonneneinstrahlung eine übergeordnete Rolle.

Stachelnüßchen *(Acaena)*, Rosaceae
Stachelnüßchen bilden kleine Polster, die eng am Stein anliegen.
Im Sommer werden bestachelte Samenstände ausgebildet. Wichtige Arten sind *A. buchananii* mit blaugrünem Laub und *A. microphylla* 'Kupferteppich' mit besonders im Winter auffallendem, kupferfarbenem Laub.
Acaena eignet sich besonders zur Einfassung kleinerer Nadelgehölze wie *Chamaecyparis obtusa* 'Nana Gracilis' oder *Picea glauca* 'Echiniformis'.

Steinkraut *(Alyssum)*, Cruciferae
Steinkraut wirkt durch üppigen Wuchs und große Blütenfülle. Starkwüchsig ist *A. saxatile*, das in der robusten Wuchsform an ein gelb blühendes Zwerggehölz erinnert.
Kleinere Buschformen bilden die Sorten 'Compactum' und 'Compactum Goldkugel', beide mit leuchtend gelben Blüten.
Steinkraut läßt sich gut mit flacheren Polsterkissen wie Blaukissen *(Aubrieta)*, Gänsekresse *(Arabis)* und Zwergflammenblume *(Phlox)* vergesellschaften.

Marokko-Kamille *(Anacyclus depressus)*, Compositae
Durch feinfiedrige, silbrige Blätter schmückt sich die Marokkokamille auch ohne Blüte. Die Korbblüten erinnern an große Kamillenblüten. Die Unterseite der Blumenblätter ist rötlich gefärbt. Bei Regen und in der Nacht schließen sich die Blüten.

Gänsekresse *(Arabis)*, Cruciferae
Am Rand größerer Steingruppen überwachsen *A. caucasica* 'Schneehaube' und 'Schneeball' schnell große Flächen. Auch rosa Farbtöne wie *A. blepharophylla* 'Frühlingszauber' und *A. caucasica* 'Compinkie' mit rosa Blüten können verwendet werden.

Grasnelke *(Armeria)*, Plumbaginaceae
Aus dieser Gattung eignen sich besonders *A. alliaceae*, mit rosa Blüten von Mai bis Juli, und *A. maritima*, mit purpurrosa Blüten im Mai. Durch dichten, grasartigen Wuchs und wintergrüne Rosetten lassen sich Grasnelken gut zwischen großen Polstern einfügen.

Aster *(Aster)*, Compositae
Besonders die Alpenaster *(A. alpinus)* ist durch verschiedene Farbformen eine gute Gestaltungshilfe. Vom Mai bis Juni schafft sie Farbaspekte: 'Albus' zeigt weiße Blüten, 'Dunkle Schöne' blüht dunkelviolett; miteinander vermischt entstehen naturnahe Bilder. An ganz heißen Pflanzplätzen fühlt sich die Goldaster *(A. linosyris)* wohl. Kleine goldgelbe Blüten und die späte Blütezeit von August bis Oktober weisen sie als wertvoll aus. Die Samenstände überstehen den Winter und schaffen bei Rauhreif stimmungsvolle Bilder.

Grasnelken (M.) bilden kräftige Horste.

Blaukissen *(Aubrieta)*, Cruciferae
Durch große, blaufarbene, purpurne und rosa Blütenkissen zeichnen sich Aubrietien aus. Man hüte sich aber vor der Verwendung zu vieler Pflanzen, da die Gattung sonst während der Blütezeit schnell zu dominant wird. Nach der Blüte wirken die Polster oft zerzaust. Gute Namensorten sind *A. cultorum* 'Campbelli', großblumig blau, und 'Cascade Blau', großblumig tiefblau. Interessant ist auch 'Royal Red' mit großen karminroten Blüten. Ideale Partner sind Steinkraut-Polster.

Glockenblume *(Campanula)*, Campanulaceae
Glockenblumen zählen zu den wichtigsten Besiedlern größerer Steinanlagen. Wichtig ist *C. carpatica* mit blauen und weißen Schalenblüten, besonders wirkungsvoll zwischen großen Steinfugen. Je nach Sorte erstreckt sich der Blühtermin von Anfang Juni bis August. Schöne Sorten von *C. carpatica* hat Karl Foerster kreiert: 'Karl Foerster' blüht tiefblau, 'Spechtmeise' zeigt blauviolette Blüten. Geeignet ist auch Foerster's 'Blaumeise' mit hellvioletten Blüten und weißer Mitte. Besonders klare Blaufarben zeigt 'Karpatenkrone'. Weiße Blütenfarben trägt die Sorte 'Zwergmöve', ebenfalls eine Foerster-Züchtung.
Die Zergglockenblume *(Campanula cochleariifolia)* bildet zwischen engen Steinplätzen dichte, rasen-

Steinkraut, Gänsekresse und Blaukissen bilden farbenprächtige Polster.

förmige Polster, die mit blauen Glockenblüten geschmückt sind. Die Pflanze hat einen starken Ausbreitungsdrang und wandert umher. Die Sorte 'Alba' zeigt weiße Blüten von Juni bis August. *C. garganica* vom Monte Gargano in Italien zeichnet sich durch zahlreiche lila Blütensterne aus, die von Mai bis Juni erblühen. Die Knäuel-Glokkenblume *(C. glomerata)*
'Acaulis' ist eine Sorte mit dunkelvioletten Blütenständen. Die Sorten 'Schneehäschen' und 'Schneekissen' tragen weiße Blüten.
Die Dalmatische Glockenblume *(C. portenschlagiana)* gehört zu den wichtigsten Arten. Neben überreicher Blütenfülle, violetten Blütenständen und einem zweiten Nachflor im Herbst schafft diese Glockenblume wichtige Höhepunkte.
C. poscharskyana stammt ebenfalls aus Dalmatien und ist noch wüchsiger als *C. portenschlagiana*.
In Nachbarschaft mit größeren Nelken- *(Dianthus)* und Steinbrech-Arten *(Saxifraga)* kommt sie besonders gut zur Wirkung. 'Stella' zeigt dunkellila Sternblüten und 'E. H. Frost' blüht porzellanweiß mit blauer Mitte. Reichblumig und langblühend ist die Sorte 'Blauranke' mit hellblauen Blüten von Juni bis November.

Silberdistel *(Carlina)*, Compositae
Diese naturgeschützte Wildstaude fühlt sich im Steingarten wohl.
C. acaulis wächst mit ihrer Rosette eng am Boden anliegend. Die Blütezeit erstreckt sich von Juni bis September. Interessant ist das schnelle Schließvermögen der Distelblüte bei Regen und Nebel. Größere Pflanzen für den Hintergrund liefert *C. acaulis* ssp. *simplex*. Sie richtet ihre Blütenköpfe bis 40 cm über die Rosette. Der trockene Samenstand wird im Winter von nahrungssuchenden Vögeln aufgesucht. Am Rand der Anlage findet die Golddistel *(C. acanthifolia)* Verwendung - auch ohne die 20 cm Durchmesser zählende Blüte ein imposanter Blickfang. Einzelstellung empfehlenswert.

Flockenblume *(Centaurea)*, Compositae
Besonders die graulaubig behaarte *C. pulcherima* eignet sich für größere Steinanlagen. Im Juni und Juli erscheinen ihre silbriggelben Trockenblüten mit rosa Innenfläche. Auf erhöhtem Standort in sonniger Lage kommt sie am besten zur Geltung. Für Randstandorte eignet sich *C. montana* mit einköpfigen, blauen Blüten im Mai und Juni. Farbsorten sind 'Grandiflora', großblumig, leuchtend blau, und 'Violetta', mit dunkelvioletten Blüten.

Spornblume *(Centranthus ruber)*, Valerianaceae
Auf blaugrünen Blättern erscheinen im Juni und Juli rosarote, doldenförmige Blüten, die an Baldrian erinnern. Zusammen mit grünen Polsterkissen können eindrucksvolle Bilder geschaffen werden. Die Spornblume ist in allen Teilen blau bereift, die Blüten sind dunkelrosarot und wirken vor hellen Steinen besonders auffallend. Ein Rückschnitt während der Blüte fördert das Nachblühen von August bis September. Samenstände lange an der Pflanze haftend und im Winter zierend.

Hornkraut *(Cerastium)*, Caryophyllaceae
Ein kleines Hornkraut für große Pflanzenflächen zwischen Steingruppen und in Randlagen der Anlage stellt *C. tomentosum* dar. Im Mai und Juni schmückt sich dieses weißfilzige Flächenpolster mit ansprechenden weißen Blüten. Als

Flächensiedler zwischen Trittplatten und größeren Freiflächen bietet sich *C. tomentosum* var. *columnae* an, das in allen Teilen noch kompakter und intensiv silbrig behaart ist. Gut zur Überpflanzung frühblühender Zwiebel- und Knollenpflanzen geeignet.

Mädchenauge *(Coreopsis)*, Compositae
Kräftige Gelbtöne von Juni bis Oktober liefert uns *C. grandiflora* 'Early Sunrise'. Obwohl die Mädchenaugen Präriebewohner Nordamerikas sind, eignen sich diese gedrungenen Stauden vorzüglich für die Verwendung in größeren, sonnigen Anlagen. Buschige Triebe für die Hintergrundgestaltung liefert *C. verticillata* mit gelben Korbblüten von Juni bis September. Die Sorte 'Zagreb' ist eine besonders trockenheitsverträgliche Pflanze mit hellgelber Blütenfülle im Sommer.

Links: In großen Fugen kommt die Karpatenglockenblume besonders zur Geltung.
Rechts: Der Lerchensporn ist ein Dauerblüher, der sich selbst aussät.

Zusammen mit *Aster linosyris* liefern Mädchenaugen sommerliche Gelbaspekte im Steingarten.

Lerchensporn *(Corydalis lutea)*, Papaveraceae
Zwischen engen Steinfugen kommt der Lerchensporn gut zur Wirkung. Durch frühe und lange Blütezeit von Mai bis September zeichnet er sich aus. Neigt zur Selbstaussaat.

Pippau *(Crepis aurea)*, Compositae
Er bildet dichtblättrige Rosetten und blüht von Mai bis August mit orangefarbenen Blüten, die an Löwenzahn erinnern. Bildet schöne Matten zwischen Steingruppen und überwuchert größere Steine. Verträgt Trittbelastung und bietet sich zur Pflanzung zwischen Trittsteinen an.

Goldkörbchen *(Chrysogonum virginianum)*, Compositae
Große Steinfugen sind ideale Pflanzflächen. In größeren Gruppen kommt diese an ein Zwerggehölz erinnernde Staude am besten zur Wirkung. Die gelben Blüten erscheinen von Juni bis September.

Rittersporn *(Delphinium)*, Ranunculaceae
D. cashmerianum blüht im Juni bis Juli dunkelviolett und erreicht eine Höhe bis 40 cm. Die Sorte 'Album' zeigt weißgelbe Blüten. *D. cashmerianum* schafft durch Verwendung im Steingarten Gestaltungshilfen für flachere Polsterpflanzen wie *Arabis* und *Cerastium*, aus denen es herausragen kann. *D. grandiflorum* 'Blauer Zwerg' zeigt von Juni bis Juli verhältnismäßig große, leuchtend blaue Blüten, die farblich an Enzian erinnern. *D. nudicaule* blüht im Juni und Juli leuchtend orangerot. Diese Farbe ist selten im Steingarten. Man wählt solche Pflanzplätze, die für den Betrachter gut einsehbar sind, die ganze Pflanze ist sehr interessant. Der Rückschnitt einiger Blütentriebe fördert ein Nachblühen im August.

Nelke *(Dianthus)*, Caryophyllaceae
Unter den Nelken finden wir wichtige Farbspender für den sommerlichen Steingarten. Lange Blütenzeiträume erreicht die Heidenelke *(D. deltoides)*. Von Juni bis August bereichert sie mit starkem Blüten-

flor die Steinanlage. Wichtige Farbsorten sind 'Brillant' mit leuchtend roten Blüten, 'Erectus' mit roten Blüten und buschigen Rosetten, 'Leuchtfunk' blüht scharlachrot über dunklen Blattpolstern. Weiße Farbtöne zeigt die Sorte 'Albus'. Die Pfingstnelke *(D. gratianopolitanus)* bildet dichte blaugraue Polster, die auch ohne Blüten wirkungsvoll sind. Die Hauptblüte liegt zwischen Mai und Juli. Gute Sorten sind 'Grandiflora' mit rosa Sternblüten, 'Splendens' mit leuchtend karminroten Blüten und 'Sternkissen' mit rosa Blüten im Juni. *D. knappi* schmückt sich mit kleineren gelben Blütenköpfen von Juni bis August und ist ein interessanter Hintergrundbildner. In größeren Gruppen bis zu fünf Pflanzen kommt diese Art am besten zur Wirkung. Die Federnelke *(D. plumarius)* gehört zu den frühblühenden Nelkenarten. Seit vielen Jahren wird diese Art in den Gärten kultiviert und hat in dieser Zeit viele Formen angenommen. Gefülltblühende Sorten sind 'Albus' mit weißen Blüten von Mai bis Juni, 'Roseus' mit rosafarbenen Blüten und 'Heidi' mit roten Blüten.

Polsternelken benötigen für ihr Wachstum enge Steinspalten.

Gemswurz *(Doronicum)*, Compositae
Die Staude erreicht eine Höhe von 40 cm und bildet buschige, frischgrüne Horste, die sich im April und Mai mit gelben Margeritenblüten schmückt. Frühe Blütezeit und Laubaustrieb machen besonders *D. orientale* für die Verwendung in der Steinanlage interessant. In allen Teilen größer und somit für den Hintergrund der Anlage eignet sich *D. austriacum*, mit goldgelben Blüten von Juni bis Juli.

Hungerblümchen *(Draba)*, Cruciferae
Enge Steinspalten besiedelt *D. aizoides* mit gelben Blüten, die bereits im Februar erscheinen können. Zur Hauptblütezeit im März und April sind die Polster vollständig mit den kleinen Blüten bedeckt. *D. bruniifolia* bildet ein moosartiges Kissen, das im April und Mai mit goldgelben Blüten überzogen ist. *Draba* sollte stets in größeren Gruppen verwendet und nicht mit anderen Arten vergesellschaftet werden, da es von frohwüchsigeren Pflanzen meist überlagert wird.

Silberwurz *(Dryas)*, Compositae
Diese Stauden erinnern den Betrachter an Zwerggehölze, besonders wenn sie schon viele Jahre in der Anlage verwurzelt sind. *D. octopetala* bildet riesige Teppiche. Im Juni erscheinen die weißen, silbrigschimmernden Blüten, aus denen sich im Sommer die zottigen Samenstände bilden. *D. x suendermannii* ist eine noch stärker wachsende Hybride mit elfenbeinfarbenen Blüten. Spalierförmig werden Steingruppen und Zwischenräume überzogen. Die Staude ist trittfest und eignet sich zur Einfassung von Wegeflächen. Die fiedrigen Samenstände zieren die Pflanze auch im Winter.

Berufkraut *(Erigeron speciosus)*, Compositae
Im Sommer liefert es schöne Farbschattierungen. Die Sorte 'Adria' zeigt sehr große violettblaue Blüten, und 'Schwarzes Meer' blüht tief dunkelviolett. Besonders schön wir-

Links: Wie ein Moospolster wirkt dieses gelbe Hungerblümchen.
Rechts: Stengellose Enziane gehören in jeden naturnahen Steingarten.

ken die Strahlenblüten vor dem Hintergrund heller Steingruppen. Weiße Blüten zeigt 'Sommerneuschnee', die sich durch lange Blütezeit von Juli bis Ende August hervorragend für sonnige Steinanlagen eignet.

Wollknöterich *(Eriogonum umbellatum)*, Polygonaceae
Durch silbergraue Polster, die an Zwergsträucher erinnern, eignet sich *E. umbellatum* zur Gestaltung großflächiger Steinfugen. Die schwefelgelbe Blüte beginnt im Juni mit ihrem Flor und endet Anfang August. Besonders schön wirkt die Laubfärbung vor dunklen Steingruppen.

Reiherschnabel *(Erodium)*, Geraniaceae
Über graugrünem, fiederblättrigem Laub bilden sich bei *E. petraeum* ssp. *crispum* von Mai bis Ende Juni gelblichweiße Blüten, die an Geranienblüten erinnern. In engen Steinfugen werden schnell größere Polster ausgebildet, die gut mit *E. manescavii* vergesellschaftet werden können. Diese Art zeigt von Juni bis September rote Blüten über grünen Laubpolstern.

Alpenblaudistel *(Eryngium alpinum)*, Umbelliferae
Zur Hintergrunddarstellung ist *E. alpinum* gut geeignet. Die blaubereifte Distel erreicht eine Höhe bis 70 cm und bildet im Juli und August stahlblaue, silbrigglänzende Distelblüten. Besonders im Winterhalbjahr zierend, daher die Samenstände nicht entfernen!

Wolfsmilch *(Euphorbia)*, Euphorbiaceae
Die Walzenwolfsmilch *(E. myrsinites)* ist eine wintergrüne, niederliegende Staude für schmale Pflanzflächen. Walzenförmige Triebe bis 20 cm Länge tragen blaubereifte, fleischige Blätter. Der Blütenstand ist kopfig, die Hochblätter, der eigentliche Schmuck der Pflanze, färben sich im Juni und Juli grünlichgelb. Die Pflanzen wirken auch ohne Blüte attraktiv. Die Goldwolfsmilch *(E. polychroma)* entwickelt den Blütenstand bereits mit dem Austrieb. Von April bis in den Sommer hinein schmückt die schöne gelbe Blütenfarbe den Standort.

Enzian *(Gentiana)*, Gentianaceae
Stauden für die Gestaltung des Hintergrundes in Gehölznähe liefern zwei höhere Arten. Der Schwalbenwurzenzian *(G. asclepiadea)* trägt ab August wunderschöne blaue Blüten, die in den Blattachseln der bis 60 cm hohen Pflanze sitzen. Seltener angeboten werden hellblaue, rosa oder gar weiße Farbtypen. In vollsonniger Lage bleibt die Pflanze kompakter. Solitäre Pflanzen bis 1,5 m Höhe mit bläulich bereiftem Laub und gelben Blütenquirlen im Juni und Juli entwickelt der Gelbe Enzian *(G. lutea)*. In Gruppen bis zu drei Pflanzen bildet er schöne Gartenbilder. Für kleinere Steinzwischenräume eignen sich die

Polsterbildner *G. clusii* mit kelchförmigen, blauen Trichterblüten und der wüchsigere *G. dinarica* mit blauen Blüten im Frühjahr. Von Juli bis September blüht der Sommerenzian *(G. septemfida)* im Steingarten. Auf niederliegenden Trieben werden blaue Blüten entwickelt, die den sommerlichen Steingarten bereichern.

Storchschnabel *(Geranium)*, Geraniaceae
Aus engen Steinfugen kriecht der Dalmatische Storchschnabel *(G. dalmaticum)* schnell über größere Steingruppen. Im Juni und Juli sind die Pflanzen mit rosafarbenen Blüten bedeckt. Ab September schmückt sich die Pflanze mit schöner roter Herbstfärbung. Die Sorte 'Album' mit weißen Blüten ist schwachwüchsiger und sollte nur in Gruppen gepflanzt werden, ohne durch Wucherer überlagert zu werden.
'Biokova' ist ein für den Steingarten gut geeigneter Naturbastard, der aus *G. dalmaticum* x *G. macrorrhizum* entstanden ist. Als Vorpflanzung vor Gehölzen eignet sich die Pflanze, die im Frühsommer rosaweiße Blüten zeigt. Die in gärtnerischer Kultur entstandene Hybride zeigt lilarosa Färbungen. *G. macrorrhizum* hat gute Bodendecker-Eigenschaften. Am Rande der Steinanlage, zur Unterpflanzung größerer Laubgehölze und zur Verbindung von Steinanlage und anderen Gartenräumen, bietet sich diese Staude an. Schwachwachsende Nachbarn werden schnell verdrängt. Daher ist ein Abstand zu anderen Polsterstauden notwendig. Von Mai bis Juli erscheinen die weißen bis purpurroten Blüten, die Blütenfarbe variiert. *G. sanguineum* bildet lockere, horstförmige Polster und blüht von Mai bis Oktober mit roten Blüten, die Sorte 'Album' zeigt weiße Blütenfarbe.

Schleierkraut *(Gypsophila)*, Caryophyllaceae
Mit lockeren Rispen schmückt sich das Kriechende Schleierkraut *(G. repens)* von Mai bis August. Schön wirkt die Pflanze, wenn sie aus engen Spalten herausquellen kann. Rosafarbene Blüten zeigen die Sorten 'Rosea' und 'Rosa Schönheit', die kompakter wächst. In engsten Steinspalten fühlt sich *G. petraea* wohl, die flachkugelige, graugrüne Polster bildet und von Juni bis Anfang August weiße Blüten trägt.

Sonnenröschen *(Helianthemum)*, Cistaceae
Die meisten Arten erinnern an Zwerggehölze, da der untere Teil der Pflanze im Lauf der Zeit verholzt. *H. apenninum* erreicht 40 cm Höhe und trägt weißfilzige Blätter und Stengel. Die weißen Blüten erscheinen von Mai bis August. Besonders in größeren Steinfugen kommt *H. nummularium* ssp. *grandiflorum* zur Wirkung. Durch größere, orangegelbe Blüten von Juni bis August zeichnet sich die Sorte 'Schatzalp' aus. Am Rand der Anlage und zur Verbindung mit anderen Gartenteilen eignen sich auch die robusten Hybriden, die aus Kreuzungen zwischen *H. nummularium* x *H. apenninum* entstanden sind. Aprikosenfarbige Blüten über dunkelgrünem Laub zeigt 'Apricot', 'Blutströpfchen' blüht dunkelrot, 'Wisley Pink' schmückt sich mit kräftig roten Blüten. Durch Gruppenpflanzung wird ein kompaktes Pflanzbild geschaffen.

Purpurglöckchen *(Heuchera)*, Saxifragaceae
Vor hellen Steinen wirken die Blütenrispen von *H. sanguinea* besonders ansprechend. Aus grünen Laubhorsten schieben sich im Sommer bis 40 cm lange Blütenrispen empor. Die Sorte 'Robusta' zeigt dunkelrote Farben, 'Splendens' schmückt sich mit karminroten Tönen und 'Alba' blüht weiß. Zusammen mit Flächenpolstern schön vor großen Steingruppen zu verwenden. Unter den Purpurglöckchen gibt es Hybriden, die für den Steingarten geeignet sind und deren Blütezeit bis in den August reicht. 'Coral Cloud' zeigt korallenrosa Blüten, 'Feuerregen' blüht glühend rot und 'Silberregen' zeigt schöne weiße Blüten und sollte mit den roten und rosa Sorten in Gruppen gepflanzt werden.

Habichtskraut *(Hieracium)*, Compositae
Weißfilzige Blattrosetten schmücken *H. villosum* auch ohne Blüten. Die gelben Korbblüten erscheinen im Sommer. Zur Begrünung größerer Fugen und Spalten eignet sich auch *H.* x *rubrum*, das im Sommer orangerot blüht und sehr frohwüchsig ist.

Oben links: Rot- und Gelbtöne schmücken das Sonnenröschen im Sommer.
Oben rechts: Der Dalmatische Storchschnabel überwächst rasch Steine.
Links unten: Das Edelweiß – eine der populärsten Steingartenpflanzen.

Schleifenblume *(Iberis)*, Cruciferae
I. saxatilis ist ein wertvoller Frühjahrsblüher mit weißen Blüten auf nur 10 cm hohen Kissen. Wirkungsvoll vor dunklem Hintergrund, erinnert die Staude an ein Zwerggehölz. Ideale Pflanznachbarn sind *Aubrieta* und *Arabis*. *I. sempervirens* erreicht etwa 30 cm Höhe und schmückt sich ab Mai mit weißen Blüten. 'Findel' und 'Schneeflocke' sind ansprechende Namenssorten zur Pflanzung auf Steinsimsen oder zum Überwallen von Steinen.

Alant *(Inula ensifolia)*, Compositae
Mit grünen, zugespitzten Blättern an bis 20 cm langen Trieben schmückt sich 'Compacta'. Den ganzen Sommer zeigt die Staude gelbe Korbblüten und eignet sich besonders zur Abgrenzung verschiedener Polstergruppen.

Sandglöckchen *(Jasione laevis)*, Campanulaceae
Über frischgrünen, rasigen Horsten entwickeln sich im Sommer blaue, kugelige Blütenköpfe auf 20 cm hohen Stengeln. Aus Fugen und Spalten herausquellend, bilden die Polster wunderschöne Farbaspekte im Steingarten.

Edelweiß *(Leontopodium alpinum)*, Compositae
Im Steingarten gehört das Edelweiß zu den am meisten gepflanzten Stauden. Die weißlichgrauen, wolligen Blütenstände erblühen im Juni und Juli über weißfilzigen Laubrosetten. Leicht gedeihende Sorten sind 'Alpenstern' und 'Mulitflorum', die von Sündermann eingeführt worden sind.

Links: Teppichphlox überwuchert jeden Stein. Rechts: Die Ballonblume blüht von Juli bis September.

Lein *(Linum)*, Linaceae
Auf lockeren Trieben blüht *L. flavum* 'Compactum' im Sommer mit großen gelben Blüten. Höher wird *L. narbonense*, der im Sommer blaue Blüten trägt. Geeignete Farbsorten mit dunkelblauen Blüten sind 'Six Hills' und 'Heavenly Blue'. Interessante Bilder entstehen, wenn der Lein aus flachen Polstern von *Arabis* oder *Dryas* herauswächst und erblüht.

Lichtnelke *(Lychnis)*, Caryophyllaceae
Aus graufilzigen Horsten entwickeln sich bei *L. flos-jovis* wunderschöne rosa Blüten auf bis 50 cm langen Stielen. An trockenen Standorten, am Fuße der Steinanlage fühlt sich *L. viscaria* (Pechnelke) wohl und ziert sich im Frühsommer mit karminroten Blüten. In enge Steinspalten pflanzt man *L. alpina*, aus deren grasartigen Laubbüscheln im Mai kräfig rote Blütenstände ausgebildet werden.

Miere *(Minuartia laricifolia)*, Caryophyllaceae
Lockere grüne Rasen bildet *M. laricifolia*. Die nadelblättrigen Polster tragen von Ende Mai bis Anfang September weiße Sternblüten. Guter Bodendecker unter zwergigen Nadelgehölzen.

Kardendistel *(Morina longifolia)*, Dipsacaceae
Ein idealer Hintergrundbildner vor dunkelgrünen Nadelgehölzen. Aus stacheligen Blattrosetten schiebt sich im Frühsommer ein bis zu einen Meter hoher Blütenstand, der mit vielen weißrosa Einzelblüten besetzt ist. Der Samenstand ist auch im Winter dekorativ.

Katzenminze *(Nepeta x faassenii)*, Labiatae
Die Staude bildet blaugraue Horste, die ideale Verbindungsbrücken zwischen der Steinanlage und den angrenzenden Gartenbereichen darstellen. Die 30 cm langen Blütenstände tragen blaue Blüten, die von Ende Mai bis in den Oktober erblühen und gerne von nahrungssuchenden Insekten besucht werden.

Nachtkerze *(Oenothera missouriensis)*, Onagraceae
Die niederliegenden Triebe von *O. missouriensis* tragen von Ende Mai bis in den September große, gelbe Blüten. Die Pflanze bildet in breiten Steinfugen und zwischen Trittplatten grüne Horste, die sich gut mit Glockenblumen und Storchschnabel vergesellschaften lassen.

Lotwurz *(Onosma)*, Boraginaceae
O. alborosea bildet verholzende, stark verzweigte Triebe, die dem Boden eng anliegen. Die Blütenstände erreichen eine Höhe von 20 cm und tragen weißrosa bis weißrote Blüten. Durch Verfärbungen der Blüte sehr interessant und attraktiv.

Goldgelbe Blüten im Frühsommer bildet *O. stellulata*. Die Triebe sind straff aufrecht und schimmern weißlichgrün. Schön vor dunklen Steinen, in engen Spalten und auf Steinkronen wachsend. Die Rauhblättrigkeit ist ein Kennzeichen aller *Onosma*-Arten.

Dost *(Origanum vulgare)*, Labiatae
Schöne dichte Polster mit bis 20 cm hohen Blütenständen bildet die Sorte 'Compactum'. Während der Blütezeit erinnert sie an einen rosalila blühenden Zwergstrauch. Großflächig gepflanzt sind die Stauden ein Magnet für nektarsammelnde Insekten.

Mohn *(Papaver)*, Papaveraceae
Alle Mohnarten des Steingartens bilden Blatthorste aus. Das Laub von *P. myabeanum* 'Takedoki' ist grünlichblau mit grauen Härchen besetzt. Die Blütenfarbe der im Sommer erscheinenden großen Schalenblüten ist hellgelb. Man pflanzt den Mohn in engere Steinspalten und Fugen. Der Islandmohn *(P. nudicaule)* ist leider nur kurzlebig, wegen seiner schönen Blütenfarben von weiß, gelb bis orangerot sollte man aber nicht auf ihn verzichten. An zusagenden Plätzen ist Selbstaussaat zu beobachten. Die Blütezeit erstreckt sich von Juni bis September.

Felsnelke *(Petrorhagia saxifraga)*, Caryophyllaceae
Diese Pflanze erinnert durch ihr Erscheinungsbild an das Schleierkraut. Aus lockerrasigen Horsten steigen bis 30 cm lange Stengelchen mit kleinen, meist rosa oder weißen Blüten empor. Die Blütezeit erstreckt sich von Juni bis September. Geeignete Sorten für enge Steinfugen sind 'Alba' mit weißen Blüten, 'Alba Plena' mit weißen, halbgefüllten Blüten und 'Pleniflora' mit rosenroten, gefüllten Blüten.

Teppich- oder Moosphlox *(Phlox subulata)*, Polemoniaceae
Der Teppichphlox bildet flächige Rasenpolster und kriecht zwischen Steinfugen und über Mauerkronen. Im April und Mai ist das Polster über und über mit Blüten bedeckt. 'Atropurpurea' hat rote Blüten und zeichnet sich durch große Wüchsigkeit aus. 'Leuchtstern' zeigt dunkelrosa Blüten und bildet feste Polster, 'Temiskaming' blüht kräftig purpurrot. Sorten mit weißen Blüten sind 'White Delight' und 'Avalanche'. Das Marktangebot umfaßt mehr als 30 bekannte Sorten.

Ballonblume *(Platycodon grandiflorus)*, Campanulaceae
Die Blätter dieser schönen Staude haben eine ei-lanzettliche Form und sind am Rand gezähnt. Erst Ende April treibt sie aus ihrem unterirdischen Überwinterungsorgan hervor. Die Blüten sind breitglockig und erreichen einen Durchmesser bis 8 cm. Im Hochsommer schmückt sich die Sorte 'Mariesii' mit tiefblauen Blüten auf 40 cm hohen Stielen. 'Album' blüht weiß und zeigt eine blaue Aderung. 'Perlmutterschale' trägt 60 cm hohe Stiele mit rosa Blüten. Eine Zwergsorte mit nur 20 cm Höhe und violettblauen Blüten heißt 'Apoyama'. Besonders wertvoll vor hellen Steingruppen in Verbindung mit Polsterstauden.

Jakobsleiter *(Polemonium caeruleum)*, Polemoniaceae
Zwischen Nadelgehölzen und größeren Steinbrocken finden wir ideale Standorte für die Jakobsleiter. Aus lockeren, gefiederten Blatthorsten steigt von Mai bis Juni ein bis 80 cm hoher Blütenstand mit himmelblauen Blüten empor. Diese Staude vermittelt eine gewisse

Rätischer Mohn aus den Dolomiten mit typisch gelber Blütenfarbe.

Kugelprimeln stehen im Steingarten und lieben die Frische eines Bachs.

Erst nach mehreren Jahren entspringt der attraktiven, tellergroßen Rosette des Langblättrigen Steinbrechs eine Blüte.

Wildnishaftigkeit. Rückschnitt während der Blüte fördert ein Nachblühen im Herbst.

Fingerkraut *(Potentilla)*, Rosaceae
Niedrige, dem Boden anliegende Laubpolster mit kräftig gelben Blüten bildet *P. aurea* aus. Die Blüten erscheinen im Juni und Juli. Die Art eignet sich zur Vergesellschaftung mit Polsternelken und Storchschnabelarten. Das Frühjahrsfingerkraut *(P. neumanniana)* zeigt seine bis 10 cm hohen Blütenstände mit kleineren, gelben Blüten bereits Ende März bis Mai. Beide Arten wirken sehr ansprechend am Fuß größerer Felsgruppen oder zwischen Trittsteinen.

Primeln *(Primula)*, Primulaceae
Bereits im März schiebt sich aus einer goldbemehlten Rosette der Blütenschaft von *P. denticulata*. Der Blütenstand ist kugelrund und hat eine gute Farbfernwirkung. Geeignete Sorten sind 'Alba' mit weißen Blüten und 'Rubin' mit karminroten Blüten. Die Stammform blüht violett. Nach der Blüte entwickelt die Staude größere Blattrosetten, die einen hohen Platzbedarf haben. Ideale Begleiter der Kugelprimel ist *P. vulgaris*, die gelbe Wildform der Stengellosen Primel. Die Staude zeigt wunderschöne gelbe Blüten im April und findet unter den großen Blättern von *P. denticulata* im Sommer ideale Standortbedingungen.

Fels-Skabiose *(Pterocephalus perennis)*, Dipsacaceae
Aus niederliegenden, verholzenden, graugrünen Polstern erheben sich im Juli und August bis 3 cm große, rosa Blüten. Sie bilden einen guten Kontrast zur Polsterfarbe. Die Pflanze eignet sich hervorragend zur Besiedlung ganzer Steinflächen, ohne dabei aufdringlich zu werden. Ideale Partner sind Dachwurz *(Sempervivum)* und Mauerpfeffer *(Sedum)*.

Braunelle *(Prunella)*, Labiatae
P. grandiflora bildet dichte Matten, aus denen von Juni bis September purpurrote, röhrenförmige Blüten erscheinen. Die Art ist widerstandsfähig und eignet sich als Wegbegleiter in der Steinanlage. Die Sorte 'Alba' zeigt weiße, 'Rosea' rosa Blüten, und 'Rotkäppchen' schmückt sich mit karminroter Blüte. *P.* x *webbiana* trägt von Anfang Juni bis Oktober große, violette Blüten und bildet dichte Polster.

Pelzanemone, Küchenschelle *(Pulsatilla)*, Ranunculaceae
Wegen der besonders schönen Blüte, der frühen Blütezeit und

der schönen Samenstände wird *P. vulgaris* gerne im Steingarten gepflanzt. Die Blütenstände tragen dunkel- bis hellviolette Blüten. Das Laub der Blatthorste erscheint erst während und nach der Blüte im Mai. Im Handel werden auch Farbformen angeboten: 'Mrs. van der Elst' blüht lachsrosa, 'Röde Klokke' trägt weinrote und 'Weißer Schwan' weiße Blüten. Sommerblühende Enzianarten und weiße Polster der Gänsekresse sind geeignete Nachbarn.

Silberkissen *(Raoulia australis)*, Compositae
R. australis bildet silberweiße Polster, die sich eng an den Stein anlegen. Im Juli und August trägt die Pflanze gelbe, kleine Blütchen. Steinfugen werden mit dichten Matten überzogen, die Polster erinnern an Strickmuster. Ansprechende Nachbarn sind Dachwurz *(Sempervivum)* und *Sedum*-Arten.

Links: *Saxifraga cotyledon* mit schönem Farbkontrast. – Rechts: Frühblühende Steinbrech-Arten in engen Fugen.

Dickröschen *(Rosularia pallida)*, Crassulaceae
Grünlaubige Rosetten bilden dichte Rasen und erinnern an Dachwurz-Rosetten. Der Blütenstand von *R. pallida* wird bis 20 cm hoch und trägt rahmweise Blüten, die im Juni und Juli erscheinen. Neben Steinbrech-Arten *(Saxifraga)*, Hungerblümchen *(Draba)* und anderen Polsterbildnern fühlt sich die Staude in engen Steinspalten wohl.

Weinraute *(Ruta graveolens)*, Rutaceae
Zur Hintergrundbepflanzung vor dunklen Steingruppen ist die Weinraute gut geeignet. Die am Grunde verholzende Staude erreicht eine Höhe bis 50 cm. Die blaugrünen Fiederblätter bilden einen schönen Kontrast zur gelben Blüte, die von Mai bis Juni erscheint.

Seifenkraut *(Saponaria)*, Caryophyllaceae
Über Steinkronen wirken die rosa Polster von *S. ocymoides* im Frühsommer besonders ansprechend. In engeren Felsspalten fühlt sich *S.* x *olivana* wohl, eine nur 5 cm hohe Hybride, die aus *S. pumila* x *S. caespitosa* entstanden ist. Im Juni und Juli trägt die Staude eine Fülle rosaroter Blüten. In Verbindung mit Phlox, Schleifenblume, Hungerblümchen und Steinbrech-Arten lassen sich wunderschöne Gartenbilder schaffen.

Steinbrech *(Saxifraga)*, Saxifragaceae
Mit über 300 Arten und vielen Hybriden gehört die Gattung *Saxifrage* zur wichtigsten Gruppe der Steingarten-Besiedler. In sonniger Lage haben sich die Vertreter der Sektion Euaizoonia (Kalkkrusten-Steinbreche) hervorragend bewährt. Im Mai und Juni schmückt sich der Traubensteinbrech *(S. paniculata)* über silbriggrünen Blattrosetten mit weißen Blüten. Wüchsig ist auch *S. hostii*; neben der schönen weißen Blüte im Juni ist eine interessante Kupferfärbung im Winterhalbjahr zu beobachten. Der schönste Kalkkrusten-Steinbrech in der sonnigen Anlage heißt Langblättriger Steinbrech *(S. longifolia)*.

Nach vielen Jahren entwickelt sich aus der einzigen, bis tellergroßen Blattrosette ein bis 60 cm langer Blütenstand mit unzähligen weißen Blüten. Die Blütezeit erstreckt sich über mehrere Wochen; anschließend stirbt die ganze Pflanze ab. Hybriden zwischen *S. longifolia* und anderen Arten der Sektion Euaizoonia bilden Seitenrosetten aus und wachsen auch nach der Blüte weiter. Eine wichtige Sorte heißt 'Tumbling Waters', entstanden aus *S. longifolia* x *S. callosa*.
Aber auch typische Polsterbildner der Sektion Porophyllum (Vorfrühlings-Steinbreche) eignen sich zur Pflanzung zwischen Steinbändern, Fugen und Spalten. *S. marginata* var. *rochelina* bildet größere, bläulich-graugrüne Polster und zeigt im April bis Mai auf 10 cm langen Stielen weiße Blüten. *S. sancta* wirkt auch ohne Blüten attraktiv. Aus flachen, sehr dichten, moosartigen Polstern schieben sich im März und April dichtdoldige, gelbe Blütenstände. Besondere Beachtung verdienen auch schöne Hybriden aus der obengenannten Sektion. *S.* x *apiculata* 'Gregor Mendel' ist eine reichblühende, hellgelbe Hybride, entstanden aus *S. marginata* x *S. sancta*. Ebenfalls gelbt blüht *S.* x *eudoxiana* 'Haagii', entstanden aus *S. ferdinandi-coburgi* x *S. sancta*. Durch die frühe Blütezeit bilden diese Steinbreche begehrte Farbpolster. Man pflanzt sie immer in Gruppen mit drei bis fünf Pflanzen pro Art. Ideale Nachbarn sind kleinere *Draba-*, *Rosularia-*, *Sempervivum-*, *Dianthus-* und *Campanula*-Arten.

Skabiose *(Scabiosa)*, Dipsacaceae
Aus grasartigen, silberbehaarten, halbkugeligen Büschen schieben sich bei *S. graminifolia* von Juni bis September hellila Blüten hervor. Die Pflanze ist ein guter Nachbar von *Carlina-* und *Eryngium*-Arten und vermittelt einen natürlichen Charakter. Violettblaue Blüten von August bis Oktober erheben sich bei *S. japonica* var. *alpina* aus 20 cm hohen, sattgrünen Polstern.

Zwerg-Gänsekresse *(Schievereckia)*, Cruciferae
In schmalen Felsspalten und zwischen größeren Steingruppen siedelt *S. doerfleri*. Aus lockeren Rasenpolstern, die einen gräulichen Schimmer tragen, bilden sich im April und Mai bis 15 cm lange Blütenstände mit weißen Blüten. In allen Teilen größer ist *S. podolica*. Die bis 25 cm langen Blütenstände sind weiß gefärbt und schmücken ein üppiges, grünes Laubpolster im April und Mai.

Helmkraut *(Scutellaria)*, Labiatae
Aus kleinen, verholzenden Stauden, die flaumige Blätter tragen, entwickeln sich bei *S. alpina* ssp. *alpina* blauviolette Blütenstände, die weiße Lippen tragen. Die Sorte 'Alba' zeigt weiße, die Sorte 'Rosea' rosa Blüten. Die Blütezeit erstreckt sich von Juni bis August. *S. scordifolia* zeigt auf dichten, aufsteigenden Blattbüscheln ansprechende violettblaue Blüten mit purpurnem Kelch. Durch unterirdisch kriechende Triebe bilden sich mit der Zeit große Pflanzenpolster.

Fetthenne, Fettblatt *(Sedum)*, Crassulaceae
Sonnige Freiflächen am Rand der Steinanlage oder Flächen zwischen Trittplatten können von *Sedum*-Polstern vollständig abgedeckt werden. Ein ansprechender Bodendecker auf trockenen Standorten ist *S. album*. Die Pflanze breitet sich rasenförmig aus und bildet dabei dunkelgrüne bis rötliche Blätter. Im Juni bis August zeigt die Pflanze weiße, doldenförmige Blütenrispen. Schöne Namenssorten sind 'Murale' mit rosa Blüten und weinrotem Laub. Starkwüchsige grüne Laubpolster zeigt die Sorte 'Laconicum'. *S. floriferum* ist vieltriebig und reich beblättert. Die Blätter sind spatelförmig und dunkelgrün gefärbt. Die grüngelben Blüten sitzen auf reich verzweigten Trugdolden und erscheinen im Juli. Die Sorte 'Weihenstephaner Gold' ist ein hervorragender Bodendecker mit goldgelben Blüten. *S. spurium* bildet viele kriechende Triebe mit sattgrünen, fleischigen Blättern. Die rosa Blüten erscheinen von Juni bis August. Schöne Sorten sind 'Album Superbum' mit weißen Blüten, 'Purpurteppich' mit roten Blättern und Blüten, 'Schorbusser Blut' mit roten Blättern und karminroten Blüten und 'Fuldablut' mit dunkelroten Blättern und karminroten Blüten. In Verbindung mit Nelken und Schleierkraut lassen sich schöne Farbstimmungen schaffen.

Oben links: Die Mauerpfeffer-Arten bilden einen dichten Rasen. Oben rechts: Grazile Rosetten der *Sempervivum*-Sorte 'Rauhreif'. Unten: Ein blühendes Dachwurz-Polster.

Für die Hintergrundgestaltung eignet sich *S. telephium*. Über 40 cm hohen, bläulichgrauen Blättern blühen von August bis Oktober wunderschöne purpurrote Trugdolden. Nahrungssuchende Schmetterlinge besuchen im Spätsommer diese Blüten. Der trockene Samenstand bietet einen ansprechenden Winterschmuck. Rotbraune Blätter und rötlichbraune Blüten zeigt die Sorte 'Munstead Dark Red'. Geeignete Nachbarn sind grünblättrige Polsterstauden wie Gänsekresse und Braunelle. Schön vor dunkelgrünen Nadelgehölzen.

Himalaya-Hauswurz *(Sempervivella)*, Crassulaceae
Zusammen mit polsterbildenden Stauden wie *Draba, Rosularia* und *Saxifraga* fühlt sich *S. alba* in kleineren Felsspalten wohl. Die rasenbildenden Kleinrosetten haben fleischige, eiförmige Blätter und treiben seitliche Blütenstengel mit weißen Blüten. Die Blütezeit erstreckt sich von Juni bis August. *S. sedoides* unterscheidet sich von der zuvor genannten Art durch kleinere Polster und größere Einzelblüten. Die Pflanzen sollten immer in Gruppen angesiedelt werden.

Hauswurz, Dachwurz
(Sempervivum), Crassulaceae
Aus etwa 30 Arten haben Züchter eine Vielzahl von Sorten herangezogen. Für große Steinanlagen sollten daher auch großrosettige Pflanzen bevorzugt werden. Besonders schöne Formen und Sorten bietet *S. tectorum*. Die Rosetten haben sternförmig angeordnete, fleischige Blätter und können bis zu 20 cm große Einzelrosetten bilden. Die Pflanze ziert sich durch eine Reihe von Jungpflanzen, die durch Stolo-

Links: Thymian ist ein Bodendecker.
Rechts: Ehrenpreis und Hornkraut.

nen mit der Mutterpflanze verbunden sind und ein kompaktes Bild vermitteln. Der Blütenstand erreicht eine Höhe von 20 bis 30 cm, die Einzelblüte ist sternförmig und meist purpurrot gefärbt. 'Atropurpureum' besitzt große, dunkelgraupurpurne Rosetten, 'Robustum' blaugrüne Rosetten. Auffallende Rosettenfärbung zeigt 'Nigrum': Die Blätter sind kräftig grün und zeigen purpurrotschwarze Blattspitzen. *Sempervivum* gehört zu den robustesten Steingartenstauden und kann mit den meisten Arten vergesellschaftet werden.

Leimkraut *(Silene)*, Caryophyllaceae
Weiße Blüten von Juni bis August schmücken die grünen Polster von *S. maritima*. Die Staude wächst niederliegend und bildet lockere Rasen mit wachsartigen Laubblättern. Die Blütenstände sind leicht aufgeblasen. Schöne Sorten sind 'Plena' mit gefüllten weißen Blüten, 'Rosea' mit hellrosa Blüten und 'Weißkehlchen' mit strahlendweißen Blüten. Von August bis September zeigt *S. schafta* 'Splendens' kräftig rosa Blüten über locker rasigen Blatthorsten. Die Sorte ist wegen der späten Blütezeit wertvoll.

Binsenlilie *(Sisyrinchium angustifolium)*, Liliaceae
Die gesamte Pflanze wirkt grasähnlich. Die schwertförmigen Blätter entspringen einem dichthorstigen Zentrum und erreichen eine Länge bis 20 cm. Im Mai und Juni zeigt *S. angustifolium* ihre schönen blauen Blüten mit gelber Mitte, die in Büscheln angelegt sind. An zusagenden Standorten kommt es zur Selbstaussaat.

Gamander *(Teucrium)*, Labiatae
Ledrig glänzende, sattgrüne Blätter sitzen an bis zu 30 cm langen Trieben. Die purpurnen Blüten schmücken *T. chamaedrys* von Juni bis Ende August. Die Pflanze ist sommergrün und als Verbindung von Staudenrabatte und Steinanlage hervorragend geeignet.
T. polium ssp. *aureum* ist eine graufilzige, etwa 15 cm hohe Staude, deren länglichen, gelben oder weißen Blüten von Juli bis August erscheinen. Wertvoller Bodendecker für extrem warme Steinstandorte.

Thymian, Quendel *(Thymus* x *citriodorus)*, Labiatae
Kleine, verholzende, an Zwergsträucher erinnernde Triebe mit eiförmigen, teilweise behaarten Blättchen zeigt *T.* x *citriodorus*, ein Naturbastard aus Südfrankreich. Die Pflanze duftet angenehm nach Zitrone. Die blaßrosa Blütchen

erscheinen von Juli bis August in länglichen Köpfchen über der Pflanze. Es gibt auch Sorten mit buntem Laub: 'Argenteus' hat weißgrüne, 'Aureus' und 'Golden Dwarf' gelbgrüne Laubblätter. Ideale Bodendecker zwischen Trittplatten.

Königskerze *(Verbascum phoeniceum)*, Scrophulariaceae
Aus grundständiger, dunkelgrüner Blattrosette schiebt sich im Mai ein im unteren Teil rötlich angelaufener Blütenstengel empor. Die Blüten stehen einzeln und zeigen eine schöne dunkel purpurviolette Farbe. Von Ferne wirkt der Blütenstand wie eine Gruppe fliegender Schmetterlinge. Wunderschön vor weißen Steinbrocken. *V. phoeniceum* sollte immer in größeren Gruppen in der Anlage angesiedelt werden. Die Pflanze braucht zwei bis drei Jahre, bis ein Blütenstand entwickelt wird.

Ehrenpreis *(Veronica spicata)*, Scrophulariaceae
Die Pflanze zeigt einen flächig polsterförmigen Wuchs. Durch das silberweiße Laub fällt die bis 50 cm hohe Staude besonders auf. Die blauen Blütenähren erscheinen im Juli und August. *V. spicata* ssp. *spicata* hat einige schöne Sorten für die Steinanlage vorzuweisen: 'Alba' blüht weiß, 'Erika' rosa; 'Heidekind' bleibt deutlich niedriger und schmückt sich mit weinroten Blüten, 'Rotfuchs' blüht leuchtend rosarot. Die Stauden werden während der Blütezeit ständig von nahrungssuchenden Insekten besucht. Die Samenstände bilden einen schönen Winterschmuck.

Gräser

Zittergras *(Briza media)*, Gramineae
Aus lockeren Grashorsten schieben sich im Mai und Juni bis 60 cm lange Ähren. Eine Blütenähre trägt bis zu fünfzig herzförmige Einzelblüten. Nach der Blüte wird der Samenstand unansehnlich und muß entfernt werden.

Schwingel *(Festuca cinerea)*, Gramineae
Die blaue Laubfärbung von *F. cinerea* belebt die Steingartenlandschaft. Aus halbkugeligen, blauen Laubbüscheln erheben sich im Mai und Juni strohgelbe Blütenrispen. Pflanzung in Gruppen bis zu fünf Pflanzen. Schön in Nachbarschaft zu Gehölzen oder als Verbinder zwischen höheren Staudenarten. Schöne blaulaubige Sorten heißen 'Blauglut' und 'Blaufink'.

Blaustrahlhafer *(Helictotrichon sempervirens)*, Gramineae
Starre, bis 50 cm hohe, bläulichgraugrün bereifte Blätter bilden bei *H. sempervirens* einen strahligen Gräserhorst, der im Juni und Juli

Das Zittergras (*Briza*) schmückt den sommerlichen Steingarten.

bis 1,20 m hohe, gelblichweiße Blütenrispen ausbildet. Bei der Sorte 'Pendula' hängen die Blütenstände weit über.
Als Hintergrundbildner vor großen Steinen, Mauern oder Gehölzen wirkt das Gras sehr zierend, Einzelstellung unterstreicht die solitäre Wirkung.

Flaschenbürstengras *(Hystrix patula)*, Gramineae
Aufrechte Halme bilden einen etwa 60 cm hohen Horst, der schilfartig beblättert ist. Ab Juni bis August werden lockere Ähren ausgebildet, die mit weißlichgrünen Grannen besetzt sind. Der Samenstand färbt sich bräunlich und erinnert durch die abstehenden Grannen an eine Flaschenbürste. Ansprechende Grasart zwischen schmalen Steinbändern. Immer in Gruppen ansiedeln!

Blaue Kammschmiele *(Koeleria glauca)*, Gramineae
K. glauca bildet graugrüne bis blaugrüne Horste von etwa 40 cm Höhe. Die grünlichen Blütenrispen zeigen sich im Mai und Juni und tragen eine Menge kleiner weißer Blütchen.

Wimperperlgras *(Melica ciliata)*, Gramineae
Bildet aufrechte Horste, trägt graugrüne Blätter und erreicht eine Höhe bis 70 cm. Die leicht überhängenden, zylindrischen Blütenähren erscheinen von Mai bis Juni. Während der Samenreife färbt sich der Samenstand gelblich und verlängert so den Zierwert des Grases.

Lampenputzergras *(Pennisetum alopecuroides)*, Gramineae
Große, kompakte, bis 80 cm hohe Horste bildet das Lampenputzergras. Als solitäres Gras für die Hintergrundgestaltung gut geeignet. Aus grünen Laubhorsten erscheinen ab Ende August bis in den Oktober etwa 25 cm lange, rosigschimmernde Rispenähren und schmücken die Pflanze bis in den Winter. Die Sorte 'Hameln' bleibt in allen Teilen kleiner und beginnt schon im August mit der Blüte.

Hechtblaues Rispengras *(Poa glauca)*, Gramineae
Dieses Gras bildet einen polsterförmigen Horst mit 10 cm hohen, starren Halmen. Die im Juni und Juli erscheinenden Blütenstände erreichen zwischen 20 und 35 cm Höhe. In Gruppen zwischen engen Steinspalten fühlt sich das Gras wohl und bildet wildnishafte Steingartenbilder.

Büschelhaargras *(Stipa capillata)*, Gramineae
Größere Horste mit bis zu 1 m hohen Blütenständen zeichnen *S. capillata* aus. Die Pflanze wächst streng aufrecht und trägt leicht eingerollte Blätter. Die Blütenrispen zeigen im Juli unbehaarte, bis 20 cm lange Grannen, die den eigentlichen Schmuck der Pflanze darstellen. In kleineren Gruppen vor dunklem Hintergrund zeigt das Gras seine strenge Schönheit.

Das Lampenputzergras ('Hameln') zeigt grüne Horste und ansprechende Blüten.

Zwiebel- und Knollengewächse

Lauch *(Allium)*, Liliaceae
Aus einer Vielzahl von *Allium*-Arten paßt ein Teil in den Steingarten. *A. christophii* trägt riemenförmige Blätter und schmückt sich im Juni und Juli mit einem runden Blütenstand. Bis zu 80 Einzelblüten mit lilablauem, metallischem Glanz bilden eine 15 cm hohe Dolde. Der Samenstand schmückt den Standort bis in den Herbst, das Laub zieht während der Blüte ein.
A. flavum erreicht 30 cm Höhe, die gelben Blüten erscheinen im Juni und Juli auf blaubereiften Blütenschäften. Da die Pflanzen nach der Blüte einziehen, ist die Nachbarschaft zu wüchsigeren Polsterstauden, die Freiflächen schnell überwuchern, von Vorteil.

Anemone *(Anemone)*, Ranunculaceae
A. apennina schmückt sich im April und Mai mit himmelblauen Blüten über stumpfgrünen Laubblättern. 'Alba' trägt weiße Blüten, die Sorte 'Purpurea' schmückt sich mit rotvioletten Blüten. *A. blanda* blüht bereits im März bis April. Die stark geteilten Blätter liegen dem Boden auf, die Blüten sind größer als bei *A. apennina*. Gute Sorten für den Steingarten heißen 'Radar', mit leuchtend karminroter Blüte und weißer Mitte, und 'White Splendour', mit großen, weißen, sehr haltbaren Blüten. Man sollte die Anemonen in Gittertöpfchen in engeren Steinfugen ansiedeln, um schöne Blütenhorste zu erzielen und ein späteres Umherwandern der Pflanzen zu vermeiden.

Schneeglanz *(Chionodoxa)*, Liliaceae
Im März erblüht *C. luciliae* mit bis zu zwölf himmelblauen Blüten auf einem lockeren, traubigen Blütenstand, der von zwei bis drei Laubblättern umhüllt wird. Die Art erreicht eine Höhe von etwa 10 cm und eignet sich gut zur Vergesellschaftung mit Schneeglöckchen und Krokus-Arten. *C. sardensis* erblüht im April, hat mehr Einzelblüten als *C. luciliae* und erreicht etwa 15 cm Höhe. Die Blütenfarbe ist enzianblau.

Zeitlose *(Colchicum)*, Liliaceae
Diese großblumigen Zwiebelpflanzen schaffen wichtige Farbpunkte in der herbstlichen Steinanlage. Störend wirkt das große, im Frühjahr erscheinende Laub mit den Samenständen, die erst im Juni welken und absterben. Die Blüte erscheint bei den meisten Arten zwischen August und Oktober.
Für größere Anlagen eignet sich *C. agrippinum* mit schachbrettartig genetzten, rötlich-lila Blüten ab Ende August. *C. neapolitanum* trägt ab Ende August spitzspatelige, lilarosa

Jede Kugel von *Allium christophii* setzt sich aus über 80 Einzelblüten zusammen.

Links: Die Sternblume blüht bereits im März. – Rechts: *Iris reticulata*, Schneeglöckchen und Primeln wetteifern im zeitigen Frühjahr.

Blüten mit weißen Grund. *C. speciosum* schiebt ab Mitte September große, becherförmige Blüten mit wunderschöner lila Färbung und weißem Grund. Alte Pflanzenhorste schmücken sich mit einer Vielzahl von Einzelblüten. Großblumige Hybriden werden verstärkt angeboten. 'Waterlily' zeigt im Oktober gefüllte, kräftig lila Blütenstände. 'The Giant' blüht malvenrosa mit weißer Mitte bis in den November. Großflächige Standorte zwischen Steinbändern sowie Randbereiche sind geeignete Standorte.

Krokus *(Crocus)*, Iridaceae
Die wichtigsten Farbspender des Vorfrühlings in den Steinanlagen stellen die *Crocus*-Arten dar. Zu den wichtigsten gehört *C. chrysanthus* mit seinen hell orangegelben Blüten im März. Eine Vielzahl von Formen- und Farbvarianten kann diese Art aufweisen. Besonders wichtig für den Steingarten sind Hybriden aus *C. acrius* x *C. biflorus*. Die Sorten 'Blue Pearl', 'Blue Bird' und 'Blue Peter' bereichern das Farbangebot durch blaue Blüten. Schöne Gelbtöne zeigen 'Cream Beauty' und 'E.A. Bowles'. Bereits im Februar erblüht *C. tommasinianus* mit schlanken, meist lila Blüten über weißem Schlund. Gute Sorten sind 'Whitewell Purple' mit violetten, 'Taplow Ruby' mit helleren purpurfarbigen und 'Albus' mit weißen Blüten. Man pflanzt *Crocus* immer in Gruppen von fünf bis zehn Knollen und vergesellschaftet sie mit Polsterstauden. *C. sativus* trägt im Oktober blauviolette Blüten zwischen dünnen Laubblättern. Von September bis Oktober blüht *C. speciosus*, ebenfalls mit großen, becherförmigen Blüten, die schieferblau gefärbt sind. Von *C. sativus* gibt es ein paar schöne Sorten für den Steingarten. 'Albus' blüht reinweiß und hat einen gelben Schlund, 'Cassiope' blüht hell violettblau bis in den November. Auch bei den herbstblühenden Arten ist die Pflanzung in größeren Gruppen und in Gittertöpfe zu bevorzugen. Reife Samen kann man um die Mutterpflanze herum aussäen; so wird der Horst mit der Zeit üppiger.

Winterling *(Eranthis hyemalis)*, Ranunculaceae
Die gelben Blütenköpfe erscheinen häufig schon Ende Januar. In Gruppen haben die Blüten des Winterlings eine große Leuchtkraft. Die reifen Samen können im April zur Vergrößerung der Pflanzflächen um die Mutterpflanzen gesät werden. Ansiedlung in Gittertöpfen.

Kaiserkrone *(Fritillaria persica)*, Liliaceae
Über einem Stengel mit vielen graugrünen Blättern entwickeln sich im Mai zwischen zehn und fünfzig schokoladenbraune Blüten. Die Pflanze erinnert an eine Verwandte von *F. imperialis* und wirkt gut vor weißen Steingruppen. 'Adiyaman' ist eine ausgelesene Wildform mit pflaumenfarbigen Blüten und kräftigem Wuchs.

Schneeglöckchen *(Galanthus)*, Amaryllidaceae
Die Blüten von *G. elwesii* erreichen eine Höhe von 15-20 cm und erscheinen häufig bereits im Januar. Sie schmücken den winterlichen Steingarten mit großglockigen Blüten. Ab Februar beginnt die Blüte von *G. nivalis*, die Pflanze erreicht 15 cm Höhe. Die Blüten schieben sich durch die blaugrünen Laubblätter. In Verbindung mit Nadelgehölzen, vor dunklen Steingruppen und frühblühenden Laubgehölzen wie Scheinhasel *(Corylopsis)*, Seidelbast *(Daphne)*, Federbusch *(Fothergilla)* und Zaubernuß *(Hamamelis)* werden wunderbare Bilder geschaffen. Ansiedlung in Gittertöpfen mit zehn bis zwanzig Knollen.

Sternblume *(Ipheion uniflorum)*, Liliaceae
Bereits im Herbst erscheinen an das Schneeglöckchen erinnernde Blätter, die dann von März bis Mai mit sternförmigen, bis 15 cm hohen, lilablauen Blüten besetzt sind. Die Blütenfarbe variiert bis zu weißen Farbtönen. In engen Steinspalten fühlt sich die Zwiebelpflanze wohl. Im Handel wird die weißviolette Sorte 'Wisley Blue' angeboten. Die Sternblume sollte stets in größeren Kolonien zwischen dreißig und fünfzig Zwiebeln in der Nähe von Polsterstauden angesiedelt werden.

Iris, Schwertlilie *(Iris)*, Iridaceae
Aus der Gruppe der Zwiebeliris gibt es einige hervorragende Arten für den Steingarten. Im März schmückt sich *I. danfordiae* mit bis 15 cm hohen, gelben Blüten. Zur Blütezeit sind die Laubblätter kurz, im April erreichen sie 30 cm Länge. Bereits im Februar und März erblüht *I. histroides*, mit 5-8 cm hohen, dunkelblauen Blüten und weißem Schlundfleck. Die Sorte 'Major' ist in allen Teilen größer. *I. reticulata* erreicht eine Blütenhöhe von 10-20 cm und erblüht von Februar bis März violettblau. Die Blüten tragen einen schönen, orangefarbenen Mittelstreifen. Gute Sorten sind 'Cantab' mit hellblauen Blüten, 'Hercules' zeigt dunkelviolette Blüten mit leichter Bronzetönung.
Aus der Kreuzung zwischen *I. histroides* und *I. bakeriana* sind gute Hybriden entstanden: 'Harmony' blüht himmelblau mit gelben Mittelstreifen, 'Royal Blue' zeigt dunkelblaue Blüten und 'J. S. Dijt' ziert sich mit rötlichen Purpurblüten. Zwischen Steinbändern, in der Nähe von Nadelgehölzen und frühblühenden Laubgehölzen fühlen sich diese Irisarten wohl. Ansiedlung in Gittertöpfen ist auch bei Iris sinnvoll. Zehn bis fünfzehn Zwiebeln bilden schöne Horste.

Lilie *(Lilium)*, Liliaceae
In größeren Anlagen sind Lilien wichtige Gestaltungshilfen zur Schaffung von Höhepunkten. *L. bulbiferum*, die Feuerlilie, erreicht Höhen von 60-120 cm und trägt zahlreiche schmal lanzettliche Blätter. In den Blattachseln entstehen im Sommer Achselbulben, die zur vegetativen Vermehrung verwendet werden. Im Juni und Juli erblühen bis zwanzig orangerote Einzelblüten auf einer endständigen Dolde. Dunkle Steinbänder und Nadelgehölze bilden einen schönen Hintergrund.
L. pumilum schmückt sich im Juni mit glänzendroten, nickenden Blüten, die an Türkenbundlilien erin-

Die Feuerlilie aus dem Hochgebirge fühlt sich auch im Steingarten wohl.

Puschkinie *(Puschkinia scilloides* var. *libanotica)*, Liliaceae
Bereits im März erheben sich über breit lanzettlichen Laubblättchen glockige Blütenstände, die bis zu zwanzig lichtblaue bis blauweiße Blüten tragen. Der Standort sollte an erhöhter Stelle vor Zwergnadelgehölzen ausgewählt werden, damit der Betrachter die Schönheit der Blüten bewundern kann. Ansiedlung in Gittertöpfchen mit zwanzig bis dreißig Zwiebeln.

Blausternchen *(Scilla sibirica* var. *taurica)*, Liliaceae
Aus einer grünlaubigen, zwei- bis vierblättrigen Rosette entwickelt

nern. Der Stengel ist grasartig beblättert und erreicht mit dem Blütenstand, der ebenfalls mit bis zu zwanzig Einzelblüten besetzt ist, eine Höhe bis 45 cm. Die Zwiebeln sollten in Gruppen gepflanzt werden. Die Pflanztiefe beträgt 20 cm, trockene Samenstände der Lilie schmücken den Standort auch im Winter.

Traubenhyazinthe *(Muscari)*, Liliaceae
Im April und Mai bildet *M. armeniacum* blaue Traubenblüten über grünen Blattrosetten. Die Blütenstengel erreichen eine Höhe bis 25 cm. Gute Farbsorten sind 'Cantab' mit himmelblauen Blüten auf kürzeren Stielen und 'Blue Spike' mit gefüllten, dichten Blütenständen und

Oben: Die Puschkinie blüht bereits im März.
Rechts: Eine ansprechende Wildtulpe – *Tulipa tarda.*

hellblauer Farbe. *M. botryoides* erreicht eine Höhe von 20 cm und trägt kürzere Blütentrauben. Gute Farbsorten sind 'Album' mit weißen Blüten und 'Caerulea' in kräftigen Blautönen.

Milchstern *(Ornithogalum umbellatum)*, Liliaceae
Die Pflanze erreicht eine Höhe bis 20 cm. Im April und Mai erscheinen die weißen Sternblüten, die sich nur am Vormittag öffnen. Zwischen sonnigen Steinbändern fühlt sich der Milchstern wohl; die Pflanze zieht bald nach der Blüte ein.

sich im März ein Blütenstand mit ein bis fünf breitglockigen, hängenden Einzelblüten und leuchtend hellblauer Farbe. Die Pflanze entwickelt sich in Gruppen mit zwanzig bis dreißig Zwiebeln zu einem kräftigen Horst. Neben Winterling und Iris fühlen sich diese Frühlingsboten wohl und zieren die Anlage.

Gewitterblume, Sternbergie *(Sternbergia lutea)*, Amaryllidaceae
Erst im Herbst treibt diese Pflanze ihre bis 20 cm langen, dunkelgrünen, glänzenden Blätter aus dem Boden. Zeitgleich heben sich die gelben Blüten auf 5 cm langen Stielen. In Gruppen vor Nadelgehölzen und in Steinbändern ist die Pflanze ein wichtiger Spätblüher.

Tulipa praestans und *Anemone blanda* geben einen kräftigen Farbkontrast.

Tulpe *(Tulipa)*, Liliaceae
In größeren Anlagen kann man auf die schönen Wildtulpenarten zurückgreifen. *T. acuminata* eignet sich zur Pflanzung vor Steinmauern und höheren Nadelgehölzen; sie trägt im April und Mai hellgelbe Blüten mit roten Linien auf etwa 45 cm langen Blütenstielen. Ebenfalls im April und Mai öffnet *T. greigii* ihre scharlachroten Blüten mit gelb gerandetem, schwarzem Grundfleck. Diese Art hat eine Reihe wertvoller Hybriden hervorgebracht, die am Markt angeboten werden. Das Farbspektrum reicht von Gelb bis Rot mit vielen Farbschattierungen.

T. praestans erreicht eine Höhe von 40 cm und schmückt sich im April mit mehrblumigen Blütenstielen. Die Sorte 'Füsilier' zeigt hell scharlachrote Blüten. 'Tubergens Variety' bleibt kleiner und blüht orange-scharlachrot. Alle Tulpen sollten in Gruppen von fünf bis zehn Zwiebeln gepflanzt werden.

Gehölze für sonnige Anlagen

Rosenforsythie *(Abeliophyllum distichum)*, Oleaceae
Vor dem Blattdurchbruch erscheinen im März und April wunderschöne weiße Trichterblüten an den Trieben dieses bis 1,50 m hohen Gehölzes. Der Strauch erinnert an die Forsythie. Ideal zur Betonung lockerer Steinbänder.

Eisenhutblättriger Japan-Ahorn *(Acer japonicum* 'Aconitifolium'), Aceraceae
Im Frühjahr schmückt sich diese Art mit wunderschön geformten, hellgrünen Laubblättern. Der kleine Baum wächst strauchförmig und erreicht im Alter etwa 4 m Höhe. Im Frühherbst trägt er dann eine kräftig rote Färbung.
Man pflanzt das Gehölz an erhöhte Standorte im Schutz einer Nadelgehölzgruppe. Auch die Form und die Farbe der Rinde verdienen Beachtung.

Duftbleibusch, Bastardindigo *(Amorpha nana)*, Leguminosae
Der Strauch erreicht eine Höhe bis 70 cm und zeigt Juni bis Juli purpurfarbene, duftende Blüten in kurzen Trauben.
Die Laubblätter erreichen 10 cm Länge und sind hellgrün gefärbt. In engen Steinfugen in voller Sonne fühlt sich der kleine Strauch wohl und überwallt Steinkronen. Schöne Nachbarn sind Katzenminze und Lavendel.

Bärentraube *(Arctostaphylos uva-ursi)*, Ericaceae
Das Gehölz bildet flache, bis 30 cm aufsteigende Triebe mit lederartigen, immergrünen Laubblättern. Im April und Mai erscheinen rosa bis weiße, krugförmige Blüten, die in hängenden Trauben zusammengefaßt sind. Durch die am Boden aufliegenden Zweige ist das Gehölz ein guter Bodendecker zwischen Steingruppen und Trittsteinen.

Sauerdorn, Berberitze *(Berberis)*, Berberidaceae
Durch Schnittmaßnahmen läßt sich *B. buxifolia* gut im Gesamtbild des Steingartens einfügen. Das Gehölz ist immergrün, mit 1-2 cm langen, lederartigen Blättern besetzt. Die Blüten erscheinen von April bis Mai an rötlichen Stielen mit leuchtend orangegelber Farbe. Nur 50 cm Höhe erreicht die Sorte 'Nana'. Das Gehölz erinnert an ein Freilandbonsai.
B. thunbergii 'Atropurpurea Nana' schmückt sich mit purpurroten Jungtrieben und rotbraunen Endblättern. Im Herbst leuchtet das nur 40 cm hohe Gehölz karminrot. Im Mai erscheinen gelbe Blütchen, die späteren Früchte sind korallenrot – vor weißen Steingruppen ein hervorragender Kontrast! Formgebung durch Schnittmaßnahme sinnvoll. Die Gattung trennt Randbereiche durch heckenförmige Pflanzung voneinander ab, ist aber auch in Einzelstellung attraktiv.

Zwergbirke *(Betula nana)*, Betulaceae
Sie sorgt für Wildnishaftigkeit in der Anlage. Das Gehölz hat graubraune, behaarte Triebe und kreisrunde, gekerbte, dunkelgrüne Blätter. Im Steingarten wird eine Höhe bis 60 cm erreicht. Die Herbstfärbung beginnt im September, die Blätter verfärben sich gelbgrün. Die Zwergbirke dient zur Auflockerung größerer Steingruppen.

Buchsbaum *(Buxus)*, Buxaceae
Wegen seiner immergrünen Blätter und seiner guten Schnittverträglich-

Die Bärentraube schmiegt sich mit ihren Trieben eng an den Fels. Besonders dekorativ sind ihre kleine Blüten.

keit eignen sich *Buxus*-Arten für die Pflanzung im Steingarten. *B. microphylla* trägt bis 2,5 cm lange Blätter auf dichten, vierkantigen Trieben. Das Gehölz kann bis 1 m Höhe erreichen; ideal zur Hintergrundgestaltung in größeren Anlagen. *B. sempervirens* wächst breitbuschig und bildet im Alter schöne Zwergbaumformen. Die Blätter sitzen dicht auf vierkantigen Trieben und sind ledrig dunkelgrün. Von dieser Art gibt es einige Sorten, die für den Steingarten geeignet sind: 'Argento-Variegata' hat größere, unregelmäßig weißbunt gefärbte Blätter, 'Aurea' färbt den Neuaustrieb gelb. Durch Schnittmaßnahmen lassen sich schöne, natürliche Gehölze für größere Freiflächen in der Anlage gestalten.

Besenheide *(Calluna vulgaris)*, Ericaceae
In Verbindung mit Steingruppen am Rand des Steingartens kann die Besenheide angesiedelt werden. In Gruppen mit Nadelgehölzen werden schnell dichte Teppiche ausgebildet. Durch ungleichmäßigen Rückschnitt nach der Blüte im Herbst oder im Frühjahr kann *C. vulgaris* wie ein Zwerggehölz erzogen werden. Am Markt werden viele Sorten angeboten. Schöne Sorten für die Pflanzung in der Steinanlage sind 'Carlton' mit weißen Blüten, 'H. E. Beale' mit gefüllten rosa Blüten und die wüchsige Sorte 'Alportii' mit großen roten Blüten. Rhododendron-Arten und Koniferengruppen sind geeignete Nachbarn.

Mähnen-Erbsenstrauch *(Caragana jubata)*, Leguminosae
Im Mai erscheinen auf dem bis 1 m hohen, wenig verzweigten Gehölz an den Ästen weiße Blüten, die rötlich bis gelblich überlaufen sind. Die Blätter stehen dicht gehäuft zusammen. Im Winter entsteht durch die braunzottige Behaarung und die verdorrten Blätter ein interessantes Gartenbild. Auf Steinkronen und in größeren Mauerfugen fühlt sich das Gehölz wohl und sucht die Nähe des Steines.

Bartblume *(Caryopteris)*, Verbenaceae
Ab August schmückt sich der niedrige, bis 80 cm hohe Strauch mit violettblauen Blüten. Gerade der Kontrast zu den graugrünen Laubblättern ist auffällig. *C.* x *clandonensis* 'Heavenly Blue' erreicht nur 40-60 cm Höhe und eignet sich zur Pflanzung in Steinbändern.

Bleiwurz *(Ceratostigma plumbaginoides)*, Plumbaginaceae
Größere Freiflächen eignen sich zur Besiedlung mit diesem 20 cm hohen Zwergstrauch, der sich von September bis Oktober mit azurblauen Blüten schmückt. Das grüne Laub zeigt eine rötliche Herbstfärbung.

Waldrebe *(Clematis)*, Ranunculaceae
Naturnahe Steingartenbilder lassen sich durch die Verwendung von *C. alpina* schaffen. Im April und Mai zeigt die Kletterpflanze ihre nickenden blauweißen Blüten. Vorhangartig überspinnt sie größere Steingruppen oder klimmt in lockeren Nadelgehölzen umher. Im Juni und Juli erblüht *C. tangutica* mit schöner goldgelber Blüte. Im Sommer bilden sich bei beiden Arten behaarte Fruchtstände, die bis in den Winter zierend wirken.

Scheinhasel *(Corylopsis pauciflora)*, Hamamelidaceae
Die Scheinhasel blüht bereits von März bis April. Die Einzelblüten sind glockenförmig, stehen in Ähren zusammen und zeigen eine hell-zitronengelbe Färbung. Auffallend sind die roten Staubgefäße, die Blüten verströmen einen zarten Duft. Nach der Blüte erscheinen die kleinen an die Haselnuß erinnernden Laubblätter. Nach Jahren erreicht der dichte, breitbuschige Strauch eine Höhe von 1,5 m. Guter Hintergrundbildner in der Steinanlage.

Zwergmispel *(Cotoneaster)*, Rosaceae
Aus dieser großen Gattung eignen sich einige Arten für die Verwendung in der Steinanlage. *C. congestus* ist immergrün, seine Zweige schmiegen sich eng an den Stein. Besonders zierend wirken die grünen, lederartigen Laubblätter in Verbindung mit den hellroten Früchten. *C. dammeri* 'Streibs Findling' quillt gerne aus Steinplatten und sieht aus wie ein kleinblättriger Spalierstrauch. Als Hintergrund und vor dunklen Nadelgehölzen wirkt *C. horizontalis*, mit zickzackförmig ausgebreiteten,

horizontalwachsenden Zweigen und schönen roten Früchten, besonders auffällig und dekorativ. *C. praecox* erreicht 80 cm Höhe und entwickelt bogig aufsteigende Triebe, die dicht am Boden entspringen. Das Laubblatt ist am Rand gewellt, die großen Blüten erscheinen im Juni und sind rosa gefärbt. Von August bis Oktober ist der Strauch über und über mit attraktiven roten Früchten bedeckt. Alle *Cotoneaster*-Arten sind schnittverträglich und passen sich gut in größere Anlagen ein.

Geißklee, Ginster *(Cytisus)*, Leguminosae
Dichte, dem Stein eng anliegende Büsche bildet *C.* x *beanii*, eine Hybride aus *C. ardoini* und *C. purgans*. Das Gehölz erreicht eine Höhe bis 80 cm und trägt im Mai gelbe Blüten. Ideale Standorte sind Steinbänder und größere Steinbrocken, die im Lauf der Zeit vor-

Oben: Der Seidelbast ist ein Frühblüher.
Links: Die Scheinhasel bildet mit Zwiebelpflanzen wirkungsvolle Bilder.

hangähnlich überwuchert werden. Von Mai bis Juni erblüht *C. decumbens* mit gelben Blüten. Das Zwerggehölz bildet nur etwa 20 cm hohe Triebe, die ganze Steinpartien polsterförmig besiedeln. Eine schöne Fernwirkung der gelben Farbpolster erzielt man durch die Ansiedlung in Gruppen bis zu fünf Pflanzen. Gut geeignet zur Vergesellschaftung mit Eiben und *Pinus*-Arten, die höher aufsteigen. Zur Hintergrundgestaltung eignet sich *C.* x *praecox*, eine Hybride aus *C. multiflorus* x *C. purgans*. Der dichtbuschige Strauch erreicht bis 2 m Höhe und bildet grüne, überhängende Zweige. Ab April sind die Triebe mit einer Fülle hellgelber, duftender Blüten besetzt. Zwei Farbsorten werden angeboten: 'Albus' bleibt kleiner und zeigt weiße, 'Hollandia' schöne purpurrote Blüten, die einen weißen Saum tragen.

Seidelbast *(Daphne)*, Thymelaceae
Die rosa Blüten von *D. mezereum* erscheinen am noch blattlosen Strauch häufig schon Ende Februar. Schöne Nachbarn sind Eiben und *Pinus*-Arten mit dunkelgrünem Laub im Hintergrund. Am Fuß von *D. mezereum* fühlen sich viele frühblühende Zwiebelpflanzen wohl.

Seidelbast-Samen sollten im grünen Zustand Ende Mai von der Pflanze entfernt werden, besonders wenn Kleinkinder in der Nähe der Anlage aufwachsen. Grundsätzlich sollten mit Kindern Aufklärungsgespräche über die vielen giftigen Gartenpflanzen geführt werden, um auf mögliche Gefahren aufmerksam zu machen. Die Blütenfarbe variiert von rosa bis tief karminrot. Die Sorte 'Alba' zeigt weiße Blüten und färbt ihre Früchte hellgelb. Im Sommer trägt das Gehölz rote Früchte, die leider giftig sind.

Im April beginnt die Blütezeit von *D. cneorum*, dem Rosmarin-Seidelbast. Der immergrüne Zwergstrauch erreicht eine Höhe bis 40 cm und schmückt sich mit stark duftenden, dunkelrosa Blütchen. Ideale Standorte sind enge Steinspalten, aus denen die Pflanze herausquellen kann. Die Sorte 'Major' wächst noch kompakter und ist über und über mit rosa Blüten bedeckt.

Im Mai schmückt sich *D. alpina* mit schönen, weißen, endständigen Blüten, die an den Triebenden des bis zu 80 cm hohen Zwergstrauches erscheinen. Die roten Früchte fallen im Sommer besonders auf und wirken zwischen Nadelgehölzen attraktiv. *D. arbuscula* erreicht nur 20 cm Höhe und wirkt sehr kompakt. Über immergrünem Laub erblühen im April rosa, schwach duftende Blütchen. Aus schmalen Steinbändern aufsteigend fühlt sich das Gehölz wohl. *D.* x *burkwoodii* ist eine schöne Hybride aus *D. caucasica* x *D. cneorum* mit breitbuschigem Wuchs. Im Mai und Juni erblüht das etwa 50 cm hohe Gehölz mit zartrosa, duftenden Blüten, die in Büscheln erscheinen. Die Pflanze wirkt schön vor großen Steinblöcken und bildet zusammen mit Polsterstauden ansprechende Gartenbilder.

Zur Blütezeit macht der Federbuschstrauch seinem Namen alle Ehre.

Schneeheide *(Erica herbacea)*, Ericaceae

Unter Eis und Schnee bildet sie bereits im Januar erste Blütenglöckchen, die über dem dichten, zwischen 15 und 50 cm hohen, nadelblättrigen Zwergstrauch erblühen. Die Schneeheide gehört zu den wichtigsten Arten des Heidegartens, unzählige Namenssorten werden im Handel angeboten. Zwischen Steinbändern und am Rand der Steinanlage erfüllt die Pflanze wichtige Verbindungsaufgaben. Nach der Blüte im April und Mai empfiehlt sich ein scharfer, ungleichmäßiger Rückschnitt, um dauerhaft blühende, ansprechende Heidegruppen zu erhalten. Gute Namenssorten sind 'Winter Beauty' mit rosafarbenen Blüten ab Ende Februar, 'Rubra' mit dunkelroten Blüten, 'Springwood White' und 'Snow Queen' zeigen weiße Blüten.

Die Pflanzen sollten immer in Gruppen zwischen fünf und zehn Exemplaren in der Nähe zwergiger Nadelgehölze angesiedelt werden.

Geflügelter Spindelstrauch *(Euonymus alatus)*, Celastraceae
Wegen seiner leuchtend dunkelroten Herbstfärbung ist der Spindelstrauch ein ansprechendes Gehölz zur Hintergrundgestaltung. Durch Schnittmaßnahmen kann man die Pflanze zu einem dichtwachsenden, bis 1,2 m hohen Strauch formen. Die menningroten oder orangen Früchte erscheinen in Massen und schmücken die Pflanze ab dem Frühherbst.

Federbuschstrauch *(Fothergilla major)*, Hamamelidaceae
Zusammen mit den Blättern erscheinen im April die bis 8 cm langen, weißen Blütenähren. Der Kontrast zu den braunroten Tragblättern der Blüte ist attraktiv. Die hellgrünen Laubblätter ähneln dem Laub der Zaubernuß *(Hamamelis)*. Im Steingarten eignet sich der Federbuschstrauch zur solitären Einzelstellung. Dort erreicht er eine Höhe bis 2 m und schmückt sich im Herbst mit einer auffallend intensiven gelbroten bis leuchtendgelben Herbstfärbung.

Ginster *(Genista)*, Leguminosae
G. hispanica bildet im Steingarten bis 30 cm hohe, dichte Triebe, die im Juni und Juli mit gelben Blüten bedeckt sind. Die Zweige sind feinverästelt und von bizarrer Gestalt. Zwischen engen Steinbändern und am Fuße großer Steingruppen fühlt sich auch *G. lydia* wohl, der bereits im Mai und Juni an überhängenden Zweigen goldgelb erblüht. Das Gehölz wächst halbkugelig und baut sich aus dünnen, häufig niederliegenden Zweigen bis 50 cm Höhe auf. Wunderschöne Gartenbilder entstehen, wenn die Zweige über den Stein herunterhängen können. *G. sagittalis* bildet dichte, niederliegende, mit zwei Flügelkanten besetzte Triebe, die einige Laubblätter tragen und sich im Juni mit goldgelben, ansehnlichen Blütentrauben schmücken. Enge Fugen und Steinspalten sind bevorzugte Standorte dieser Art.

Zaubernuß *(Hamamelis japonica)*, Hamamelidaceae
Winterlicher Höhepunkt jeder Steinanlage bildet ein blühender Strauch von *H. japonica*. Das Gehölz erreicht im Alter eine Höhe bis 2,5 m und ist so ein idealer Hintergrundbildner. Die goldgelben Blüten erscheinen von Dezember bis Februar in achselständigen Köpfchen; ein wunderschönes Bild entsteht, wenn Schnee sanft die Blüten bedeckt. Die im Mai erscheinenden Blätter erinnern an Haselnuß, im Herbst färben sie sich mit schönen Gelbtönen. Wertvoller Strauch zur Auflockerung großer Anlagen.

Zwischen Dezember und Februar zeigt sich die Zaubernuß mit gelben Blüten.

Johanniskraut *(Hypericum)*, Guttiferae
Zur Füllung größerer Freiflächen eignet sich *H. calycinum*. Das stark ausläufertreibende Gehölz erreicht eine Höhe bis 50 cm und deckt durch die dichten Triebe die Fläche gut ab. Von Juli bis Ende September erscheinen bis 7 cm große, gelbe Blüten, die von nahrungssuchenden Insekten angeflogen werden. Im Frühjahr können erfrorene

Triebe scharf zurückgeschnitten werden. Als wuchernde Art kann sich das Gehölz flächendeckend ausbreiten, geeignete Nachbarn sind kräftige Stauden wie Blaudistel *(Eryngium)* und Blaustrahlhafer *(Helictotrichon)*. *H. olympicum* bildet dünne, runde, unverästelte Triebe und fühlt sich in größeren Steinanlagen wohl. Im Juni und Juli erscheinen auf dem 50 cm hohen Gehölz gelbe, bis 5 cm große Blüten. In Verbindung mit Silberwurz, Miere und Katzenminze entstehen anspruchsvolle Gartenbilder. Der Samenstand wirkt auch im Winter dekorativ.

Jasmin *(Jasminum nudiflorum)*, Oleaceae
Bizarre Bilder entstehen, wenn die langen, dünnen, grünen Triebe den nackten Stein umspielen und ihn bedecken. Sie tragen häufig schon im Dezember kleine, gelbe Blüten. Der Flor erstreckt sich bis in den März hinein. Am Fuß einer Nadelgehölzgruppe gepflanzt und mit einer Kletterhilfe versehen, legt sich der Jasmin über die Zweige und kann so zur Begrünung älterer Gehölze verwendet werden.

Lavendel *(Lavandula angustifolia)*, Labiatae
Im sommerlichen Steingarten gehört der Lavendel zu den wichtigsten Flächenbesiedlern. Die grauen, behaarten, weißfilzigen Zwergsträucher erreichen eine Höhe bis 60 cm und tragen von Juni bis September hellblaue bis violette Lippenblüten auf bis zu 20 cm langen Scheinähren. Schöne Standorte sind Steinbänder und Randbereiche der Anlage. In Verbindung mit Schwingel, Katzenminze, Königskerzen und Sonnenröschen-Arten wirkt die Pflanze attraktiv. Durch Schnittmaßnahmen lassen sich schöne Einzelgehölze erziehen. Im Handel werden einige Namenssorten angeboten. 'Hidcote Blue' zeigt kompakten Wuchs und tiefviolette Blüten. Die Sorte eignet sich hervorragend für den Steingarten. Wirkungsvoll in Gruppenstellung mit drei bis fünf Pflanzen.

Zierapfel *(Malus sargentii)*, Rosaceae
Dieser Zierapfel schmückt sich ab Ende April mit leicht rosa Blütenknospen, die aufgeblüht eine schöne weiße Farbe zeigen. Dies ist ein schöner Kontrast zur dunklen Rinde des locker ausgebreiteten Busches, der bis 2 m Höhe erreicht. Die eiförmigen Blätter sind scharf gesägt und lebhaft grün gefärbt, im Herbst tragen sie eine ansprechende gelbrote Färbung. Idealer Hintergrundbesiedler und Kletterbaum für Clematisarten.

Mühlenbeckie *(Muehlenbeckia axillaris)*, Polygonaceae
Winzige, ganz verworrene Zweige mit drahtartigen Trieben bildet dieser Zwergstrauch. Er trägt zwergige, eirunde, olivgrüne bis rotgrünliche Blättchen. Die unscheinbaren Blüten erscheinen im Juni und Juli. Zwischen schmalen Steinbändern und aus Fugen quellend wirkt dieser zwergige Bodendecker sehr interessant. Man siedelt das Gehölz zweckmäßigerweise in Gruppen zwischen fünf und zehn Pflanzen an.

Scheinbuche *(Nothofagus antarctica)*, Fagaceae
Durch ihre sommergrünen, dicht und unregelmäßig an dünnen Trieben erscheinenden Blätter wirkt die Scheinbuche bizarr. Der Wuchs ist strauchförmig bis baumartig, durch Schnittmaßnahmen lassen sich interessante Formen erziehen. Im Herbst färbt sich das Laub hellgelb und bietet einen schönen Kontrast zur dunklen Färbung der eigenen Rinde.

Zur Auflockerung von Steingruppen und zur Gestaltung des Hintergrundes gut geeignet.

Blauraute, Silberstrauch *(Perovskia)*, Labiatae
P. abrotanoides wächst straff aufrecht und erreicht etwa 80 cm Höhe. Die Blätter sind grünlich, gefiedert und weich behaart. Von August bis Oktober erscheinen die lilafarbenen Blüten paarweise an den Trieben. Das Gehölz kann durch Pflanzung in größeren Spalten zu hängendem Wuchs erzogen werden. *P. atriplicifolia* bildet viele

weißfilzige Triebe mit roter Punktierung bis 1,5 m Länge. Die Blätter sind lanzettlich, am Rand ungleich gesägt. Von August bis in den November erscheinen auf bis 50 cm langen Rispen die Blütenquirle mit violettblauen Blüten. Die Pflanze wird durch nahrungssuchende Insekten besucht, der Samenstand wirkt auch im Winter dekorativ.

Fingerstrauch *(Potentilla fruticosa)*, Rosaceae
Von Mai bis September reicht die Blütezeit des Fingerstrauchs und seiner Namenssorten; dies macht das Gehölz zu einer wichtigen Gestaltungshilfe im Steingarten. Die Blätter der 80-120 cm hohen Pflanze sind sommergrün, gefiedert und meist seidig behaart; sie sitzen auf faserig abblätternden, kahlen, braunen Zweigen. Die Triebe sind rund und dicht verzweigt und wirken zottig. Gut schnittverträgliche Art, die zu schönen Gruppen geformt werden kann. Ansiedlung in Gruppen zwischen drei und fünf Gehölzen ist sinnvoll. *P. fruticosa* blüht reingelb am Ende der Triebe. 'Friesengold' zeigt buschig geschlossenen Wuchs bis 1 m Höhe und trägt goldgelbe, bis 2,5 cm große Blüten. 'Farreri' trägt bis 3 cm große, goldgelbe Blüten, 'Klondike' bleibt kleiner und zeigt von Mai bis September dunkelgelbe Blüten. *P.f.* var. *mandshurica* bildet dichte, dem Boden anliegende, bis 50 cm hohe Triebe, die Laubblätter sind grauseidig behaart. Die Art schmückt sich mit weißen Blüten und ist gut vor dunklen Gehölzgruppen zu verwenden.

Links: Die Blauraute blüht im Herbst.
Unten: Mit seiner anmutigen Wuchsform füllt der Fingerstrauch jede Lücke.

Kirsche *(Prunus)*, Rosaceae
Niedrige, bis 2 m hohe Sträucher mit sparrigen Kurztrieben bildet die Steppenkirsche *(P. fruticosa)*. Auf dunkelgrauen, behaarten Trieben erblühen von April bis Mai schlehenähnliche Blüten. Die glänzend lederartigen Blätter erscheinen nach der Blüte. Ideales Gehölz

am Rand der Steinanlage oder im Hintergrund. *P. mume* schmückt sich im April mit ein bis zwei zusammensitzenden, großen, weißen bis dunkelrosa Blüten, die intensiv duften; durch Schnittmaßnahmen zu einem mannshohen Gehölz ziehbar. *P. pumila* var. *depressa* bleibt unter 1 m Höhe, ist reich verzweigt und trägt mit dem Blattaustrieb weiße Blüten. Das Herbstlaub zeigt eine ansprechende Rotfärbung. *P. tenella* erreicht im Steingarten selten eine Höhe bis 70 cm und erblüht zusammen mit dem Laubaustrieb im April und Mai mit lebhafter rosa Farbe. Zwischen schmalen Steinbändern wandert das Gehölz umher und treibt aus einem Wurzelrhizom neue Pflanzen, ohne dabei lästig zu werden.

Alpenrose *(Rhododendron)*, Ericaceae
Die Nennung aller geeigneten Arten für den Steingarten würde den Rahmen dieser Abhandlung sprengen. Für große Anlagen im sonnigen Bereich eignen sich einige schöne immergrüne Arten besonders:
R. hirsutum erreicht eine Wuchshöhe bis etwa 1 m und schmückt sich im Juni mit rosa bis roten Blüten, die in Doldentrauben zusammensitzen.
R. impeditum ist ein polsterförmiger, bis 40 cm hoher Zwergstrauch. Im Mai und Juni erscheinen trichterförmige, violette Blüten. Die Sorte 'Blue Tit' zeigt einen rundlichen Wuchs mit dunkelgrün glänzenden Blättern auf bis 1 m hohen Trieben. Die leuchtendblauen Blüten erscheinen im April und Mai. Die Sorte 'Moerheim' erreicht 40 cm Höhe und blüht im Mai violett.
R. x *intermedium* ist eine natürliche Hybride zwischen *R. ferrugineum* x *R. hirsutum.* Die Pflanze erinnert an *R. hirsutum* und kommt in der Steinanlage in größeren Gruppen gut zur Wirkung. *R. kelecticum* wächst rasig eng dem Stein aufliegend und bildet zwischen größeren Brocken dichte Polster. Im Juni erscheinen an endständigen Trieben trichterförmige, purpurrote Blüten mit interessanter karminroter Zeichnung.
R. prostratum erreicht etwa 30 cm Höhe und wächst teppichartig ausgebreitet. Die Blätter sind immergrün, im April und Mai zeigen sich die karminroten Blüten mit dunklen Punkten. *R. russatum* bildet dichtschuppige Triebe bis 80 cm Höhe. Die Blätter sind immergrün. Im April und Mai schmückt sich die Art mit Doldentrauben, die mit trichterförmigen, dunkelvioletten Blüten besetzt sind und eine ansprechende, weiße Schlundzeichnung aufweisen.

Weide *(Salix)*, Salicaceae
S. hastata eignet sich hervorragend für den Steingarten. Das Gehölz erreicht etwa 1 m Höhe und wächst mehr in die Breite. Die Sorte 'Wehrhahnii' erreicht nur 80 cm Höhe und schmückt sich mit schneeweißen Kätzchen, die einen guten Kontrast zur dunklen Rinde liefern. Besonders schön wirkt der weißfilzig, silbrig glänzende Laubaustrieb von *S. lanata.* Im Mai schmückt sich die bis 70 cm hohe Weide mit gelben Kätzchen.

Alpenrosen sind im Steingarten wichtige Farbspender mit immergrünem Laub.
Das Spektrum reicht von Weiß bis Rot.

S. repens var. *argentea*, die Silberkriechweide, ziert den Steingarten durch ihre Blütenkätzchen und legt sich gern über größere Felsbrocken.

Eberesche *(Sorbus)*, Rosaceae
S. chamaemespilus ist ein gedrungener Zwergstrauch mit olivbraunen Trieben und feingesägten, dunkelgrünen Blättern. Die kleinen, rosa Blüten erscheinen Mai bis Juni in dichten Doldenrispen. Die Früchte erscheinen ab August und zeigen schöne rote Farben. *S. villmorinii* bildet Sträucher bis 2 m Höhe mit dunkelgrünen, gesägten Blättern. Die weißen Blütchen erscheinen im Juni in lockeren Doldenrispen. Ab Juli zeigt die Art rosa Kugelfrüchte, die besonders attraktiv sind.

Spierstrauch *(Spiraea)*, Rosaceae
Ein Zwergstrauch mit rotbraunen, kahlen Zweigen ist *S. bullata*. Die dunkelgrünen, eirunden Blätter schimmern auf der Unterseite bläulich. Ab Juli zeigen sich die kleinen, dunkelrosa Blüten in halbkugeligen Doldenrispen. Interessante Bilder erscheinen durch Ansiedlung der Art in engen Felsspalten, in kleinen Gruppen bis zu drei Pflanzen. *S. decumbens* ist ein bis 40 cm hoher, meist flachgestreckter Zwergstrauch mit drahtartigen Trieben und rotbraunen Zweigen. Im Juni erscheinen in einer bis 5 cm breiten Doldenrispe weiße Blütchen über graugrünem Laub.

Flieder *(Syringia)*, Oleaceae
S. microphylla bildet bis 1,5 m hohe, breitbuschige Sträucher mit eiförmigen, grünen Blättern. Im Juni erscheinen auf bis 7 cm langen Rispen duftende, lila Blüten.

Schneeball *(Viburnum)*, Caprifoliaceae
Ein schöner, immergrüner Strauch mit glänzend tiefgrünen Blättern ist *V.* x *burkwoodii*. Das bis 2,5 m Höhe erreichende Gehölz ist eine Hybride zwischen *V. carlesii* x *V. utile*. Im März und April öffnen sich die ballförmigen Blütenstände mit kleinen, rosa, im Verblühen weißen Blütenständen. Zur Hintergrundstellung und vor dunklen Gehölzen gut geeignet.
V. carlesii erreicht eine Höhe bis 1,5 m, ist sommergrün und trägt breite, eiförmige Blätter. Die weißen, im Außenteil rosa gefärbten Blüten erscheinen im April und Mai in kugeligen Trugdolden. Das Gehölz wirkt vor dunklen Gesteinsgruppen dekorativ.
V. fragrans 'Nana' ist eine schwachwüchsige Sorte und erreicht 50 cm Höhe. Das Gehölz ist sommergrün, im Herbst erfolgt eine rotbraune Färbung. Die duftenden Blüten zeigen sich oft schon im Januar, in dichten Rispen sitzen weißlichrosa Einzelblüten.

Duftige Blüten im Frühjahr – der Schneeball *Viburnum carlesii*.

Einige zwergige Wacholderarten liefern angenehme Blautöne.

Nadelgehölze

Tanne *(Abies)*, Pinaceae
Flachwüchsige, zwergige Pflanzengestalten bildet *A. balsamea* 'Nana'. Die dunkelgrünen Nadeln glänzen und sind an der Unterseite gelbgrün gefärbt. Diese schwachwüchsige Sorte ist in Gruppen bis zu drei Pflanzen ein schöner Steinbesiedler. Das Gehölz erreicht im Alter Höhen bis 1 m und wächst mehr breit als hoch. Durch Schnittmaßnahmen lassen sich schöne, zwergige Gehölze gestalten.

Scheinzypresse *(Chamaecyparis)*, Cupressaceae
Aus einer Vielzahl von Arten und Sorten eignen sich einige Scheinzypressen auch zur Verwendung in Steinanlagen. *C. lawsoniana* 'Minima Glauca' ist eine veredelte Zwergsorte, die eine Höhe bis 1 m erreicht und eine flachkugelige Form besitzt. Die schuppenförmigen Nadeln glänzen blaugrün.
C. obtusa 'Nana Gracilis' ist eine veredelte Zwergsorte mit waagrechten Ästen und unregelmäßigen Zweigen, die muschelförmig gedreht sind. Die dicklichen Nadelschuppen sitzen fest angepreßt und glänzen intensiv dunkelgrün. Im Alter können bis 2 m erreicht werden. Durch Schnittmaßnahmen lassen sich bizarre Formen erzeugen, die als Einzelstellung gut zur Wirkung kommen. 'Nana Kosteri' ist ebenfalls eine Namenssorte von *C. obtusa*, die im Unterschied zu 'Nana Gracilis' einen kugelförmig geschlossenen Wuchs aufweist.

C. pisifera 'Filifera Nana' hat einen kugelig kissenförmigen Wuchs und erreicht im Alter etwa 1 m Höhe. Die Zweige tragen eine immergrüne, glänzende Benadelung und hängen fächer- bis fadenförmig über. Diese Eigenschaft macht die Sorte wertvoll zur Überwallung größerer Steinbrocken. *C. pisifera* 'Filifera Nana Aurea' unterscheidet sich durch intensiv gelbe Nadelschuppen und bildet einen schönen Kontrast vor dunklen Steingruppen.

Wacholder *(Juniperus)*, Cupressaceae
Vielgestaltige Nadelgehölze treten bei der Gattung *Juniperus* auf. Für den Steingarten eignet sich *J. chinensis* 'Blaauw's Varietät' mit blaugrauer Nadelschuppenfärbung und unregelmäßig breitem Wuchs. Die Sorte ist schnittverträglich und erreicht bis zu 2 m Höhe. *J. chinensis* 'Pfitzeriana Compacta' ist eine Zwergsorte mit flachem, gedrungenem Wuchs, ideal zum Überhängen größerer Steingruppen. Im Alter erreicht das blaugrüne Gehölz eine Höhe bis 50 cm. Etwas höher wird die Sorte 'Pfitzeriana Old Gold'. Sie erreicht etwa 1 m Höhe und fällt durch ihre schöne bronzegelbe Färbung auf, die sie auch im Winter behält.
J. communis 'Hornibrookii' ist eine eng dem Boden anliegende Zwergsorte, die bis 50 cm hoch wird. Die Nadeln sind hellgrün mit schönem, silbrigem Glanz. Noch zwergiger bleibt die Sorte 'Repanda', die selbst engste Steinplatten besiedelt und dunkelgrüne Teppiche bildet.
J. horizontalis 'Glauca' zeigt stahlblaue Farbtöne und wächst niederliegend teppichförmig über Steine

und in Spalten und Fugen. Im Alter wird 'Glauca' bis 30 cm hoch; sie ist gut schnittverträglich.
J. squamata 'Blue Carpet' wird 80 cm hoch und trägt stahlblaue Nadeln. Die Sorte 'Blue Star' wird im Alter etwa 1 m hoch und ist gut schnittverträglich.

Lärche *(Larix decidua)*, Pinaceae
Durch Schnittmaßnahmen und die Entfernung des Kronentriebes kann die Lärche zu eindrucksvollen Pflanzengestalten erzogen werden, die – aus engen Steinfugen wachsend – schöne, herabhängende Zweige bildet. Ansprechende, gelbe Herbstbenadelung und bizarre Zweige während des Winters sind weitere schöne Eigenschaften.

Microbiotie *(Microbiota decussata)*, Cupressaceae
Flach am Boden anliegend überwallt die Microbiotie den Standort. Die an *Thuja* erinnernde Zwergkonifere zeigt im Sommer grüne, im Herbst und Winter hellkupferfarbene Nadelschuppen. Zur Einfassung am Rand der Anlage in Verbindung mit größeren Laubgehölzen wie Zaubernuß- oder Apfel-Arten ein wichtiger Bodendecker.

Fichte *(Picea)*, Pinaceae
Unter den Fichtenarten hat besonders die Rotfichte *(P. abies)* eine Vielzahl von Sorten hervorgebracht, die durch unterschiedliche Wuchsformen und Nadelfärbung unterschieden werden. Für den Steingarten eignet sich *P. abies* 'Echiniformis' besonders. Das Gehölz wächst kugelig bis kissenförmig, unregelmäßig dicht, die Triebe der im Alter 60 cm hohen Sorte sind dick und steif. Besonders ansprechend in Gruppen bis zu drei Pflanzen vor größeren Gesteinen und in der Nähe von *Rhododendron.* Noch viel zwergiger wächst 'Little Gem'; die Sorte wird 30 cm hoch und wirkt in lockeren Steinbändern sehr ansprechend. Kissenförmig und rund entwickelt sich die Sorte 'Maxwellii'. Die Sorte trägt gelblichgrüne Nadeln und wird bis zu 1,5 m hoch. Das Gehölz ist schnittverträglich und kann zur Hintergrundgestaltung verwendet werden. 'Nidiformis' zeigt glänzende, hellgrüne Nadeln und erreicht im Alter etwa 1 m Höhe. 'Ohlendorfii' wächst im Alter breit kegelförmig bis 2 m Höhe und trägt glänzendgrüne Nadeln. Die Sorte ist schnittverträglich. 'Procumbens' wächst am Boden aufliegend und wird 50 cm hoch. Schönes Gruppengehölz in Verbindung mit *Calluna-* und *Erica-*Sorten. Bläuliche Nadelfärbung zeigt 'Pumila Clauca'; die Sorte erreicht im Alter etwa 1 m Höhe und wirkt durch ihre kugelige Grundform und die schräg ansteigenden Äste sehr ansprechend.
P. glauca 'Conica', die Zuckerhutfichte, wächst streng kegelförmig und kann im Hintergrund der Anlage wirkungsvoll in Gruppen angesiedelt werden. Die Sorte 'Laurin' ist zwergwüchsig und kann zwischen enge Steinspalten gepflanzt werden. *P. glauca* 'Echiniformis' ist eine flach kugelförmig wachsende Zwergkonifere mit bis zu 50 cm Höhe und ansprechender, besonders im Winter auffallender blaugrüner Benadelung.
P. marinana 'Nana' wächst breit kugelig und erreicht im Alter 50 cm Höhe. Die Zweige sind breit ausladend, mit an der Unterseite stahlblauen, auf der Oberseite hellblauen Nadeln. *P. pungens* 'Glauca Globosa' trägt wunderschöne, weißblau bereifte Nadeln und wird im Alter 2 m hoch. Hervorragender Hintergrundfüller. Alle Fichtenarten vertragen Schnittmaßnahmen und lassen sich individuell gestalten.

Eng schmiegt sich diese Zergfichte an den Nachbarstein. Zusammen mit den Stauden ensteht ein wildnishaftes Bild.

Kiefer *(Pinus)*, Pinaceae
Durch Vielgestaltigkeit der einzelnen Arten zeichnet sich die Gattung *Pinus* aus. Die Fuchsschwanzkiefer *(P. aristata)* zeigt schöne dunkelgrüne bis blaugrüne Nadeln, die mit hellen Harzausscheidungen bedeckt sind. Idealer Kletterbaum für *Clematis*. Die Zirbelkiefer *(P. cembra)* 'Nana' ist eine schwachwüchsige Sorte mit spitz kegelförmigem Wuchs und büscheligen, weichen Nadeln.

Für den Steingarten eignen sich die beiden Unterarten der Krummholzkiefer: *P. mugo* ssp. *mugo* und *P. mugo* ssp. *pumilo* schmiegen sich eng an den Steinen an und können selbst schmale Steinbänder besiedeln. Eine schöne Zwergsorte ist 'Gnom' mit glänzend dunkelgrünen Nadeln. Die Sorte 'Mops' erreicht im Alter eine Höhe von 40 cm und wächst in die Breite. Auf Steinkronen und vor hellen Steingruppen werden in Verbindung mit *Calluna*- und *Erica*-Sorten Standorte dicht geschlossen.
P. strobus 'Nana' zeigt einen flach kugeligen Wuchs mit dicht gedrängten Trieben. Die Nadeln sind oberseits grün und zeigen auf der

Die Kleinform der Hemlockstanne wird nur einen Meter hoch.

Zwischen Heide- und Steingarten bilden Zwergkiefern markante Verbindungspunkte.

Unterseite eine intensiv blaugrüne Farbe. Im Alter wird eine Höhe bis 1,5 m erreicht.
Alle Pinusarten können zu zwergigen Pflanzengestalten erzogen werden. Regelmäßiger Kronenschnitt und Pinzieren der Triebspitzen ist dabei aber unerläßlich.

Eibe *(Taxus)*, Taxaceae
T. baccata kann eine ganze Reihe von Sorten aufweisen, die im Handel angeboten werden. *T. baccata* 'Repandens' ist eine niederliegende Zwergsorte mit weit ausgebreiteten, waagrechten Hauptästen und überhängenden Seitentrieben. Als Flächendecker eignet sie sich zur Gestaltung der Randbereiche. Zwischen schmalen Fugen wirkt *T. cuspidata* 'Nana' ansprechend. Die Sorte wächst unregelmäßig breit mit weit ausgebreiteten Ästen und kurzen Zweigen. Zur Überwallung größerer Steinanlagen geeignet.

Lebensbaum *(Thuja occidentalis)*, Cupressaceae
T. occidentalis 'Recurva Nana' ist ein zwergiger, kugelförmiger Lebensbaum, der zur Hintergrundstellung in kleinen Gruppen gut geeignet ist. Das Gehölz trägt schuppenförmige, grüne Nadeln, die sich im Winter bräunlich färben. 'Ellwangeriana Rheingold' ist eine Sorte mit goldgelben Nadeln, die besonders im Winter für schöne Farbaspekte vor dunkleren Gehölzen sorgen. Die Sorten sind schnittverträglich.

Hemlockstanne *(Tsuga canadensis)*, Pinaceae
Eine gute Namenssorte für den Steingarten ist 'Nana' mit ausgebreiteten, niedergedrückten Ästen und dunkelgrünen Nadeln. Im Alter erreicht das Gehölz eine Höhe bis 1 m und eignet sich zur Gruppenstellung in Verbindung mit *Calluna*- und *Rhododendron*-Arten. Durch Schnittmaßnahmen formbar.

Pflanzenauswahl für schattige Standorte

Im Garten bilden sich unter Bäumen und Gehölzen natürliche Schattenlagen, die nicht direkt von der Sonne beschienen werden. Fassaden und Mauern schaffen lichtarme Standorte, die häufig auch in die Flächen des Steingartens hineinwirken. Letztendlich sind Nordseiten in Steinanlagen ebenfalls Schattenräume, die hervorragend durch eine Anzahl verschiedener Pflanzen besiedelt und ausgeschmückt werden können. Eindrucksvolle Vorbilder liefern ehemalige, offengelassene Steinbrüche oder steile Felswände inmitten dichter Gebirgswälder.

Adonisröschen *(Adonis amurense)*, Ranunculaceae
Bereits ab Ende Januar bis Anfang März erscheinen gelbe Blüten auf bis zu 20 cm langen Trieben. Nach der Blüte treiben die fiedrigen, grünen Laubblätter aus, die bereits im Mai vergilben und anschließend einziehen. Wertvoller Frühblüher für schattige Steinspalten und unter Gehölzen.

Günsel *(Ajuga reptans)*, Labiatae
Bodendeckende Rosetten mit sich ausbreitenden Trieben und metallischer Blattfärbung. Aus dem Laubpolster erscheinen von April bis Juni blaue Blütenquirle. Rosa und weiße Blüten sind seltener. Wichtiger Bodendecker in Verbindung mit weißen Polstern der Gänsekresse, Dreiblättrigem Schaumkraut und moosigen Steinbrechen.

Frauenmantel *(Alchemilla)*, Rosaceae
Zwischen dunklen Steinfugen bildet *A. alpina* bis 20 cm große, dichte Horste mit grünen, eingeschnittenen Blättern, deren Unterseite seidig behaart ist. Die kleinen, grünlichweißen Blütenknäuel erscheinen von Juni bis September. *A. hoppeana* besiedelt mit Vorliebe Kalksteinspalten und ähnelt vorhergenannter Art. Schöne Nachbarn sind Steinbreche und kleine Farne.

Anemone *(Anemone)*, Ranunculaceae
Im lichten Schatten von Gehölzen und Steinen erblüht von August bis September die Herbstanemone *(A. hupehensis)*. Auf buschigen, leicht behaarten Trieben erscheinen 5 bis 6 cm große, typische Anemonenblüten. Die Sorte 'Septembercharme' zeigt violettrosa Blüten. *A. japonica* ähnelt in der Erscheinungsform der erstgenannten Art, erreicht aber eine Höhe bis 1,20 m. Die Blüten zeigen sich von August bis Oktober. 'Honorine Jobert' zeigt weiße Blüten, 'Königin Charlotte' erreicht 1 m Höhe und blüht halbgefüllt mit silbrig violettrosa Blüten. 'Prinz Heinrich' erreicht 80 cm Höhe und zeigt halbgefüllte, purpurrote Blüten. Buschwindröschen *(A. nemorosa)* verwildern in den Humusnestern schattiger Steinfugen und erfreuen uns mit ihren weißen bis rosa Blüten im März und April. Einige schöne Namenssorten eignen sich für den schattigen Steingarten: 'Alba Plena' zeigt gefüllte, weiße Blüten, 'Allenii' erblüht großblumig blau. Eng verwandt mit *A. nemorosa* ist *A. ranunculoides*, mit schönen goldgelben Blüten von April bis Mai. Alle Arten fühlen sich unter lockeren Laubgehölzen wie Ahorn, Scheinhasel und Zaubernuß wohl.

Scheinanemone *(Anemonopsis macrophylla)*, Ranunculaceae
Hellila, wachsartige, dicht gefüllte Einzelblüten zeigen sich von Juli bis August in lockeren, traubigen Blütenständen. Die Staude erreicht etwa 1 m Höhe und sollte in kleinen Gruppen vor Steinen oder Gehölzen angesiedelt werden. Schöne Unterpflanzungen sind Schaumkraut und Leberblümchen.

Akelei *(Aquilegia)*, Ranunculaceae
A. alpina erreicht 30-50 cm Höhe und blüht im Mai-Juni prächtig blau. *A. atrata* wird 50 cm hoch und zeigt purpurviolette, fast schwarze Blüten. Im Juni erblüht *A. caerulea* auf 30-50 cm hohen Stielen, mehrblütig mit gelber Tönung.

Der Günsel bedeckt mit seinen Trieben auch große Steinflächen und festigt sie.

A. canadensis hat langgestielte Blätter und zeigt auf 30-50 cm hohen Stielen mehrere scharlachrote Blüten mit hellrotem Sporn.
Akelei sollte stets in feuchteren Humusnestern am Fuß von Steingruppen oder Laubgehölzen so angesiedelt werden, daß die Blüten dem Betrachter sofort auffallen.

Gänsekresse *(Arabis)*, Cruciferae
A. ferdinandi-coburgi ist wegen seiner schönen, dichten, glänzend grünen Rosettenpolster und der weißen Blüten im Mai ein wichtiger Besiedler von Schattenfugen. Die Sorte 'Variegata' zeigt weißbunte Blattrosetten, die in dunklen Steinfugen gut zur Geltung kommen.
A. procurrens bildet ein dichtes Polster grüner Triebe und umspinnt größere Steingruppen im April mit weißen Blüten. 'Neuschnee' zeichnet sich durch schöne Dunkelfärbung des Laubes und besonderen Blütenreichtum aus.

Kleines Löwenmäulchen *(Asarina procumbens)*, Scrophulariaceae
Über Felsen kriechen bis 1 m lange, mit drüsigen Haaren und graugrünen, klebrigen Blättern besetzte Triebe, die von April bis September weißliche, 3-3,5 cm große Blüten mit rötlicher Aderung tragen. Die Blüten erscheinen einzeln in den Blattachseln. Die Staude rankt auch an Steinen empor. Geeignete Nachbarn sind Leberblümchen und Zimbelkraut; letzteres kriecht ebenfalls über Steine.

Haselwurz *(Asarum)*, Aristolochiaceae
Am Fuße schattiger Steinpartien bilden *A. caudatum* und *A. europaeum* interessante herz- bis nierenförmige, glänzend grüne Laubblattpolster, die den Standort auch im Winter bedecken. Die Blüten im März und April lohnen eine nähere Betrachtung, auch wenn sie unter dem Blätterhorst versteckt sind.

Prachtspiere *(Astilbe)*, Saxifragaceae
Im Juli und August erblühen bei *A. koreana* gelblichweiße Einzelblüten in großen, überhängenden Blütenrispen über bräunlich gefiederten Blättern. Die Staude erreicht 30 cm Höhe und fügt sich gut in schattige Unterpflanzungen in Steinanlagen ein. *A. simplicifolia* trägt glänzend grüne, ungeteilte Blätter, die grob gesägt sind. Im Juli erscheinen die weißen Einzelblüten in pyramidenförmigen, überhängenden Rispen. Beide Arten vertragen gut den Wurzeldruck möglicher Begleitgehölze.

Sterndolde *(Astrantia)*, Umbelliferae
A. major trägt auf 40-90 cm langen Stengeln von Juni bis August weißliche Dolden mit grünen Streifen. Bei der Sorte 'Rosea' sind die Hüllblätter rosa gefärbt. Die fünfteiligen Rundblätter sind hellgrün. Im lichten Schatten des Steingartens wirkt die Staude ansprechend mit Elfenblume und Gedenkemein.

Andenpolster *(Azorella trifurcata)*, Umbelliferae
Aus dunkelgrünen, dreigabeligen Blattpolstern erscheinen ab Mai kleine, grünlichgelbe Doldenblütchen. Interessanter Fugenbesiedler in feuchteren Humusnestern und am Fuß der Anlage.

Das Zimbelkraut gedeiht in engen Steinspalten und bildet dichte Polster.

Kaukasusvergißmeinnicht *(Brunnera macrophylla)*, Boraginaceae
Am Rande der Steinanlage und zwischen schattenspendenden Gehölzen erfreut uns *B. macrophylla* im April und Mai mit blauen, vergißmeinnichtähnlichen Blüten auf rispigen Blütenständen. Die Blätter erscheinen mit den Blüten und bilden dichte, herzförmige Horste.

Steinsame *(Buglossoides purpurocaerulea)*, Boraginaceae
Aus schattigen Steinspalten erscheinen im Mai bis Juni die rotblauen Blüten des Steinsamens, die in einer Wickeltraube selbst große Steine ansprechend überwallen. Die Blattriebe sind bogig liegend und wurzeln am Ende ein. Triebe und Blätter sind rauh behaart. Die Staude verträgt Wurzeldruck. Schöne Nachbarn sind Leberblümchen und Türkenbundlilie.

Dreiblättriges Schaumkraut *(Cardamine trifolia)*, Cruciferae
Über wintergrünen, dreigeteilten, glänzenden Laubblättern erscheinen im Mai und Juni weiße, duftende Blüten auf 20 - 30 cm hohen Stengeln. Die Pflanze bildet in schattigen Steinspalten ansprechende, dichte Blatteppiche. Wunderschön in Verbindung mit Streifenfarn und *Cyclamen*.

Walddickblatt *(Chiastophyllum oppositifolium)*, Crassulaceae
C. oppositifolium schiebt seine fleischigen, rundlichen Laubblätter in dichten Rosetten aus engen, schattigen Steinfugen. Im Juni und Juli zeigt die Staude kleine, gelbe Blüten auf bis 20 cm langen, überhängenden Rispen. Das Zimbelkraut ist ein passender Begleiter.

Milzkraut *(Chrysosplenium oppositifolium* var. *rosulare)*, Saxifragaceae
Diese Art bildet mit runden Blättchen dichte, gelbgrüne Matten aus. Die unscheinbaren Blüten erscheinen im Mai. Die Staude bildet einen schönen Farbaspekt zwischen moosigen Steinbrechen. Nur an sehr feuchten Stellen ist eine erfolgreiche Ansiedlung in der Anlage möglich.

Hartriegel *(Cornus canadensis)*, Cornaceae
Im feuchten Schatten bildet der Hartriegel in mächtigen Humusnestern schöne dichte Teppiche mit 10 - 20 cm hohen Trieben aus. Die eiförmigen, grünen Laubblätter sind am Stielende quirlförmig angeordnet. Die kleinen Blüten sind in Kugelköpfchen zusammengefaßt und werden von attraktiven weißen Hochblättern umgeben. Nach der Blütezeit im Juni schmückt sich die Pflanze mit runden, hellroten Früchten. Sie eignet sich gut zur Vergesellschaftung mit Preißel- und Heidelbeeren.

Eine hochwüchsige Wildstaude für den schattigen Steingarten: die Sterndolde.

Alpenglöckel, Heilglöckchen *(Cortusa)*, Primulaceae
Kleine rosa Blüten über grünen, weichen, grundständigen Blattrosetten entwickelt *C. matthioli*. Die Pflanze erreicht eine Höhe von 30-50 cm und blüht in einer fünf- bis zwölfblütigen Dolde. Größere Trichterblüten zeigt *C. matthioli* f. *pekinensis*. Zusammen mit Rippenfarn *(Blechnum spicant)* und Dreiblatt *(Trillium)* in schattigen Humusfugen wachsend.

Zimbelkraut *(Cymbalaria muralis)*, Scrophulariaceae
In Felsspalten und Steinbändern siedelt das Zimbelkraut. Die fadenförmigen Stengel sind reich verzweigt und überspinnen große Steingruppen. Die Blätter sind dunkelgrün und an der Unterseite violett überlaufen. Die kleinen violetten Blüten mit gelbem Fleck erscheinen von Mai bis September. Die Sorte 'Alba' zeigt weiße Blüten. Schöne Nachbarn sind Arten des Streifenfarns.

Herzblume *(Dicentra)*, Papaveraceae
Im April und Mai schmückt sich *D. cucularia* mit weißen, hängenden Blüten über möhrenblättrigem, grüngefiedertem Laub; die Blüten wirken eigentümlich aufgeblasen. Die Pflanze erreicht eine Höhe bis 20 cm. Grünliche Blattfieder mit bläulicher Färbung der Unterseite zeigt *D. formosa*, die sich von Ende Juni bis August mit nickenden, rosa Blüten an rotüberhauchten Stielen schmückt und 30 cm Höhe erreicht. Zwischen Kleinfarnen wie *Blechnum* oder *Woodsia* fühlen sich beide Arten im Schatten der Steinanlage wohl und bilden im Lauf der Zeit schöne Horste.

Elfenblume *(Epimedium)*, Berberidaceae
Herzförmige Laubblätter mit bronzefarbenem Austrieb und weißen, langgespornten Blüten zeigt *E. grandiflorum*. Die drahtigen Laubblattstiele erreichen 20-30 cm Höhe. Die Art hat schöne Sorten hervorgebracht. 'Elfenkönig' ist frohwüchsig und trägt weiße, 'Lilafee' purpurviolette Blüten; 'Rose Queen' schmückt sich mit großen, tiefrosa Blüten und 'Violaceum' mit dunkelvioletten Blüten. Elfenblumen sind wertvolle Bodendecker unter Laubgehölzen wie Scheinhasel, Federbuschstrauch und Zaubernuß. Am Fuße feuchter, schattiger Steinbänder bilden die Elfenblumen dichte Horste und sollten immer in Gruppen zwischen fünf und acht Stauden angesiedelt werden.

Schafsdolde *(Hacquetia epipactis)*, Umbelliferae
Vor dem Erscheinen der handförmig geteilten, langgestielten Laubblätter treiben von März bis Mai die gelben Blüten aus, die in kopfigen Dolden zusammenstehen und von einer grünlichen Hülle umgeben werden. Zwischen kleineren Laubgehölzen wie Seidelbast oder Weiden siedelt die Schafsdolde zusammen mit Leberblümchen oder Gedenkemein.

Christrose, Schneerose *(Helleborus niger)*, Ranunculaceae
Dicke, ledrige Laubblätter bilden bei der Christrose einen immergrünen Staudenhorst, der sich oft schon vor dem Winter mit weißen, rotgepunkteten Blüten schmückt. Der Blütendurchmesser der Einzelblüte kann bis 12 cm betragen. Pro Blütenstand werden eine bis drei Blüten entwickelt. Die Sorte 'Praecox' blüht oft schon ab November und zeigt rosagetönte Blüten. *Helle-*

borus gehört zu den wichtigsten Steingartenbesiedlern der Schattenstandorte und entwickelt im Alter große Horste mit über 50 Blütenständen. Ansprechende Nachbarn sind Leberblümchen, Schlüsselblume und Gedenkemein.

Leberblümchen *(Hepatica)*, Ranunculaceae
Häufig schon Ende Februar zeigt die Leberblume ihre violettblauen bis dunkelblauen Anemonenblüten. Über zerzausten Blättern des Vorjahres stehen bis zu zwanzig Einzelblüten auf bis 20 cm hohen Stielen. Das Laub erscheint nach der Blüte und ist dreilappig gewellt. Seltene Farbsorten sind 'Alba' mit weißen Blüten, 'Rubra' mit roten und 'Rosea' mit rosa Blüten. In Sammlergärten findet man hin und wieder gefülltblühende Leberblümchen wie 'Plena' mit blaugefüllten und 'Rubra Plena' mit rotgefüllten Blüten. Etwa zwei Wochen früher blüht *H. transsylvanica*, mit größeren Blättern und Blüten und deutlicher Behaarung. Leberblümchen zählen zu den wichtigsten Begleitern schattiger Steinanlagen und lassen sich mit den allermeisten Stauden und Gehölzen vergesellschaften.

Oben: Das Leberblümchen, einer der wertvollsten Frühblüher im Schatten.
Links: Christrosen schmücken den Steingarten im Winter.

Japanischer Mohn *(Hylomecon japonica)*, Papaveraceae
Über dichten grünen Blattbüscheln erscheinen beim Japanischen Mohn von April bis Mai einzelne gelbe Blütenschalen mit bis zu 5 cm Durchmesser. An feuchten Stellen hält das Laub bis in den Sommer und erreicht eine Höhe bis 30 cm. Schöne Schattennachbarn sind Buschwindröschen und Elfenblume.

Herzblattschale *(Jeffersonia diphylla)*, Berberidaceae
Im Mai schmückt sich die Art mit wunderschönen weißen Blüten, die leider nicht sehr lange haltbar sind. Die hellgrünen Blätter sind grundständig und erreichen zur Blütezeit etwa 20 cm Höhe. Im Herbst färben sie sich bronzefarben. Schöne Nachbarn sind Schaumkraut und moosige Steinbreche.

Wachsglocke *(Kirengeshoma palmata)*, Saxifragaceae
Die Staude bildet 60–90 cm hohe, vieltriebige Horste. Von August bis

Links: Der Türkenbund ist eine Lilienart der heimischen Gebirgswiesen. – Rechts: In humoser Erde siedelt das Lungenkraut.

Anfang Oktober erscheinen gelbe, nickende Glockenblüten in Trugdolden. Die Laubblätter sind rundlich handförmig. Die Pflanze läßt sich gut mit Gehölzen wie Apfel- und Kirschen-Arten vergesellschaften. Staudennachbarn in größeren schattigen Steinanlagen sind *Anemone hupehensis* und *A. japonica*.

Frühlings-Platterbse *(Lathyrus vernus)*, Leguminosae
Im April und Mai entwickeln sich bei oben genannter Art dichte Blütentrauben bis 30 cm Höhe, die zu Beginn der Blütezeit rotviolett und später grünblau erscheinen. Die grünen Laubblätter sind paarig gefiedert und ziehen im Laufe des Sommers ein. 'Albiflorus' ist eine weißblühende Sorte, 'Alboroseus' schmückt sich mit weißrosa und 'Roseus' mit rosa Blüten. Schöne Staudennachbarn sind *Anemone nemorosa* und *A. ranunculoides* sowie Leberblümchen.

Türkenbundlilie *(Lilium martagon)*, Liliaceae
Im Juni erblühen zwischen fünf und zwanzig nickende Einzelblüten auf bis 1 m hohen Blütenständen. Das Farbspektrum reicht von weinrot bis purpur mit braunen Flecken. Die den Stengel umfassenden Laubblätter sitzen in Quirlen und zeigen eine elliptische Form. Zusammen mit locker aufgebauten Laubgehölzen wie der Scheinhasel werden schöne, wildnishafte Gartenbilder geschaffen.

Schattenblümchen *(Maianthemum bifolium)*, Liliaceae
Über zwei herzförmigen Laubblättchen erscheinen bei dieser Art zarte weiße Blütchen in kleinen Trauben. Die Pflanze wird 15 cm hoch und besiedelt schattige Humusfugen. Ansprechende Staudennachbarn sind moosige Steinbrech-Arten.

Gedenkemein *(Omphalodes verna)*, Boraginaceae
Von März bis Mai erscheinen blaue Blüten in lockeren Trauben. Die ausläufertreibende, eiblättrige Staude deckt schnell feuchte, schattige Fugen ab. 'Alba' ist eine rein weißblühende Sorte, 'Grandiflora' zeigt deutlich größere Einzelblüten. Elfenblume, Christrose und Primelarten sind ansprechende Staudenpartner. Das Gedenkemein verträgt einigen Wurzeldruck und ist somit ein wichtiger Bodendecker unter Gehölzen.

Goldbaldrian *(Patrinia triloba)*, Valerianaceae
Von Juni bis August bildet der

Goldbaldrian über handförmigen, grundständigen Laubblättern gelbe, duftende Blüten in lockeren Kronen. Er gehört zu den Spätblühern im Schattenbereich des Steingartens.

Salomonssiegel *(Polygonatum verticillatum)*, Liliaceae
An kantig aufrechten Stengeln sitzen beim Salomonssiegel die Laubblätter in Quirlständen. Die nickenden, weißen Blüten erscheinen im Mai und Juni. Die Früchte färben sich von rot bis schwarz und sind schöne Farbpunkte im feuchten, schattigen Steingartenbeet.

Primel, Schlüsselblume *(Primula)*, Primulaceae
In feuchten Steinbändern des lichten Schattens erblühen im Juni und Juli die pastellfarbenen Blüten von *P.* x *bullesina* mit gelbroten Tönungen. Sie ist eine Hybride zwischen *P. bulleyana* und *P. beesiana*. Die Blüten stehen am aufrechten Schaft, der bis 60 cm Höhe erreicht, in quirlförmiger Anordnung bis zu sieben Reihen. Aus einer grundständigen Blattrosette schieben sich eiförmige, längere Blätter, die fein gezähnt sind. *P. florindae* schmückt sich von Juli bis August mit gelben, duftenden, glockenförmigen Blüten auf bis 50 cm hohen Stielen. Die Laubblätter sind herzförmig und langgestielt, die Ränder sind gekerbt. *P. elatior* zeigt auf 30 cm hohen Blütenstielen gelbe Schlüsselblumen, die häufig bereits im März erblühen und der Anlage die Wildnishaftigkeit heimischer Schattenstandorte verleiht. Primeln sind mit den allermeisten Schattenstauden zu vergesellschaften.

Etagenprimeln fühlen sich an feuchten, schattigen Standorten wohl.

Lungenkraut *(Pulmonaria)*, Boraginaceae
Im April und Mai trägt *P. angustifolia* karminrote Blüten, die sich im verblühen azurblau verfärben. Die Staude erreicht 30 cm Höhe und zeigt grüne, ungefleckte Laubblätter. Die Sorte 'Alba' hat weiße, 'Azurea' leuchtend enzianblaue Blüten. 'Munstead Blue' ist eine wüchsige Sorte mit leuchtend blauen Blüten. *P. officinalis* erblüht bereits im März mit zuerst rosa und anschließend violetten Blüten. Die Pflanze erreicht 25 cm Höhe und hat rauhhaarige Laubblätter mit gefleckter Zeichnung. Schöne Schattenstauden am Fuß von Steinbändern zusammen mit Halselwurz, Elfenblume und Christrose.

Eine der wertvollsten Steingartenpflanzen: der Felsenteller.

Felsenteller *(Ramonda myconi)*, Gesneriaceae
Aus schattigen Felsfugen quellen mattgrüne Laubblätter in dichten Blattrosetten, die bis 20 cm Durchmesser erreichen. Von Mai bis Juni erscheinen mehrere Blütenstände, die zwischen einer und sieben hellviolettblauen Einzelblüten mit auffällig gelb gefärbtem Zentrum tragen. Sehr selten findet man auch weiße und rosa Blütenfarben beim Felsenteller. Ansprechende Nachbarn sind kleinere Steinfarne und moosige Steinbreche.

Blutwurz *(Sanguinaria canadensis)*, Papaveraceae
Im April und Mai erscheinen beim Blutwurz einzelstehende weiße Blüten auf 15 - 25 cm langen Blütenstielen. Die Blüten sind anemonenförmig mit bis zu zwölf Kronenblättern. Nach der Blüte entwickeln sich die langgestielten, herz- bis nierenförmigen Laubblätter, die auf der Oberseite blaugrün gefärbt sind. Bereits ab Juni zieht die Staude ein. Die Sorte 'Multiplex' entwickelt gefüllte Blüten, die sich länger halten als bei der Art. 'Major' zeigt größere Blütenschalen.

Steinbrech *(Saxifraga)*, Saxifragaceae
Im Schattenbereich der Steinanlage sind besonders die Arten der Sektion Dactyloides (Moossteinbreche) wichtige Gestaltungshilfen. *S.-Arendsii*-Hybriden sind Gartenformen, die zumeist durch gärtnerische Kreuzungen zwischen *S. decipiens* und *S. hypnoides* hervorgegangen sind. Alle Sorten bilden schöne grüne Polster mit teppichförmigem Wuchs und mehrblütigen Blütenständen. Die Hauptblütezeit liegt im Mai. Die Sorte 'Blütenteppich' erreicht 15 cm Höhe und trägt karminrosa Blüten, 'Dornröschen' zeigt leuchtend rote Blüten, 'Ingeborg' trägt dunkelrote Blüten über kompakten Laubpolstern. Weiße Farbe zeigen die Sorten 'Schneeteppich' und 'Biedermeier', mit gewelltem Blütenblattrand.
S. cebennensis bildet in schattigen Felsspalten faustgroße, dichte, graugrüne Laubpolster, die im Mai mit weißen, mehrblütigen, etwa 5 cm hohen Blütenstielen besetzt sind. *S. hypnoides* (Moossteinbrech) bildet große, rasenförmige Polster mit dünnen Trieben, die locker beblättert sind. Von Mai bis Juni erscheinen weiße Blütchen.
S. hypnoides var. *egemulosa* bildet dichtere Blattpolster, die sich im Herbst bronzerot färben.
Die Sektion Robertsoniana (Blattrosettensteinbrech, Schattensteinbrech) beherbergt ebenfalls Arten für die schattige Steinanlage.
S. cuneifolia bildet rasenförmige Rosettenpolster mit keilförmigen Einzelblättern. Die Blütenstengel

Im Mai schmücken sich die Moos-Steinbreche mit dichten Blütenkissen.

erscheinen im Juni und Juli und tragen Rispen mit kleinen, sternförmigen Einzelblüten, die gelbgepunktet sind. *S. hirsuta* zeigt langgestielte Grundrosetten und bildet im Juni Blütenrispen mit kleinen weißen Blüten. *S. umbrosa* (Porzellanblümchen) bildet dichte Polster mit flachen Rosetten. Die Laubblätter sind eiförmig und haben breite Einkerbungen. Im Mai und Juni schmückt sich die Staude mit weißen Blüten, die rotgepunktet sind. Aus *S. spathularis* x *S. umbrosa* entstanden zwei Sorten: 'Aureopunctata', mit gelbgefleckten Rosettenblättern und weißen Sternblüten mit rötlicher Mitte, sowie 'Elliots Variety'; sie bildet kompakte Laubrosetten in dichten Polstern und schmückt sich ab Mai mit rosa Sternblüten, die auf bis 20 cm hohen, rosa Blütenstengeln sitzen. Alle Arten der Sektion Robertsoniana eignen sich für schattige Steinfugen.
Eine Art für den schattigen Steingarten ist *S. rotundifolia* mit grünen, runden Laubblättern und weißen Sternblüten mit gelblichen Punkten auf bis 60 cm hohen Blütenständen. Die Blütezeit erstreckt sich von Mai bis Juni.

Alpenglöckchen *(Soldanella)*, Primulaceae
Über glänzend grünem Laub erheben sich von Mai bis Juni bei *S. montana* Blütenschäfte bis 30 cm Höhe. Sie tragen violette Fransenblüten. Bereits Anfang Mai erblüht *S. villosa*, die kleiner als *S. montana* ist und sich durch Ausläufer ausbreitet. Beide Arten benötigen einen feuchteren Standort im Schatten der Steine oder kleinerer Gehölze. Ansiedlung immer in dichteren Gruppen an exponierten Standorten, damit die schönen Einzelblüten besser betrachtet werden können.

Frühlingsschelle *(Synthyris reniformis)*, Scrophulariaceae
Über gesägten, runden Laubblättern, die aus einem dichten Horst herausschieben, zeigt die Frühlingsschelle schöne blaue Blüten, die in kurzen Trauben eingebettet sind. Die Blütezeit beginnt im März und erstreckt sich bis Ende April. Zusammen mit Soldanellen schöne Nachbarn kleiner Steinfarne und Primelarten.

Raute *(Thalictrum)*, Ranunculaceae
Zwergige, akeleiähnliche Blätter

Der Ungarwurz fühlt sich im lichten Schatten der Steinanlage wohl.

zeigt *T. kiusianum*, die sich von Juni bis August mit kleinen lila Blüten auf bis 15 cm hohen Blütenständen schmückt. Noch kleinere, dichte Horste bildet *T. orientale*, die von Mai bis Juni mit kleinen weißen Blüten schöne, wildnishafte Stimmungen schafft. Nachbarn sind Streifenfarne und moosige Steinbreche, mit denen sich die Staude an schattigen Steinbändern ausbreitet.

Krötenlilie *(Tricyrtis hirta)*, Liliaceae
Die Krötenlilie erreicht eine Höhe zwischen 40 und 80 cm und trägt stark behaarte Blätter. Die weißen Blüten mit lila Zeichnung erscheinen von September bis Oktober und stehen am Ende des Triebes. Ansprechende, spätblühende Schattenstaude, die in Verbindung mit Frauenmantel und Lungenkraut schöne Gartenbilder schafft.

Vancouverie *(Vancouveria hexandra)*, Berberidaceae
Die zarten, bis 40 cm hohen Blätter erinnern an die Elfenblume und haben eine hellgrüne Färbung. Die kleinen, nickenden weißen Blüten erscheinen im Juni über dem Laub. Schattige Fugen werden durch kleine Gruppen bis zu fünf Pflanzen schnell von einem Blatteppich bedeckt.

Veilchen *(Viola bifolia)*, Violaceae
Über nierenförmig abgerundeten Blättern erheben sich von Mai bis Juni bei dieser Veilchenart kleine gelbe Blüten mit großer Leuchtkraft. Sie kleidet schnell Fugen und Steinspalten dicht mit ihrem Blattwerk aus.

Ungarwurz *(Waldsteinia)*, Rosaceae
W. fragarioides zeigt gelbe, an Erdbeeren erinnernde Blüten von Mai bis Juni. Die dichten Laubblätter erreichen 20 cm Höhe und sind gute Bodendecker. *W. geoides* trägt grüne Laubblätter. Die Blütenstengel zeigen von April bis Juni fünf bis neun gelbe Einzelblüten. *W. ternata* wird nur 10 cm hoch und bildet dichte Laubpolster, die sich durch kriechende Ausläufer ausbreiten. Im April und Mai erscheinen die gelben Einzelblüten in einem lockeren Blütenstand. Elfenblume, Gedenkemein und Lungenkraut sind ansprechende Begleiter.

Zwiebel- und Knollenpflanzen

Aronstab *(Arum italicum)*, Araceae
Im Herbst erscheinen die pfeilförmigen, marmorierten Blätter. Im April erblüht die Art mit grüngelb gefärbten Aronstab-Blüten, die am Rand eine rötliche Färbung aufweisen. Ab September zeigen sich die leuchtend roten Samenstände.

Alpenveilchen *(Cyclamen)*, Primulaceae
Die Blätter von *C. cilicium* erscheinen schon im Herbst, die Blüten tragen weiße bis rosa Farben. *C. coum* trägt dunkelgrüne Blätter, die auf ihrer Unterseite oft rötlich gefärbt sind. Die roten, rosa oder weißen Blüten erscheinen häufig schon im Dezember, die Hauptblüte erfolgt zwischen März und April. *C. hederifolium* erinnert mit seinem Laub an Efeu. Die Blätter sind leicht gezackt, dunkelgrün und besitzen weißlichgraue Zeichnungen. Die großen, dunkelrosa, roten oder weißen Blüten erscheinen von August bis September, erst dann erfolgt der Laubtrieb. *C. purpurascens* trägt rund ums Jahr Laubblätter, die nierenförmig rund sind und häufig eine silbrige Zeichnung tragen. Die duftenden, rosa oder hellrosa Blüten erscheinen von Juni bis September. *C. repandum* blüht von März bis Mai mit rosa Blüten über breit herzförmigen Laubblättern. Leichter Winterschutz durch Laubabdeckung ist sinnvoll. Ansprechende Begleiter sind Anemonen, Christrosen und Primeln.

Hundszahn *(Erythronium)*, Liliaceae
E. americanum treibt zwei gefleckte, längliche Grundblätter aus dem Boden. Die leuchtend gelben, hängenden Blüten erscheinen von April bis Mai. *E. dens-canis* erreicht 20 cm Höhe und trägt blaugrüne, gefleckte Blätter. Die Blüten erscheinen im März und April und zeigen eine rosa Färbung. *E. revolutum* besitzt hellbraune Blattflecken. Die Blüten sind weiß bis dunkelrosa gefärbt. *E. tuolumnense* erreicht Höhen bis 40 cm und trägt wellige, grüne Laubblätter. Von April bis Mai erscheinen Blütenstengel mit leuchtend gelben Blüten.

Märzenbecher *(Leucojum vernum)*, Amaryllidaceae
Die Laubblätter sind frischgrün, riemenförmig und erreichen eine Länge bis 30 cm. Der Blütenstengel trägt glockige, weiße Blüten mit grünem oder gelbem Schlundfleck. Die Blütezeit des Märzenbechers beginnt bereits im März, ab Mai stirbt das Laub ab. Schön zwischen Rhododendron in feuchten Steinbändern.

Alpenveilchen zieren den Steingarten mit Blüten und attraktivem Laub.

Farne

Hufeisenfarn *(Adiantum),* Adiantaceae
Im April erscheinen bei *A. pedatum* rote Triebe, die im Alter bis 60 cm Höhe erreichen. Die Wedelstiele gabeln sich zu einem Hufeisen. Gute Sorten für Steinbänder sind 'Compactum', das 35 cm Höhe erreicht, und 'Imbricatum' mit blaugrünen Wedeln, die sich dachziegelförmig aufbauen. *A. venustum* (Himalaya-Frauenfarn) bildet schmale Wedel bis 20 cm Höhe. Die hellgrünen Fiederblättchen sitzen locker an überhängenden Stielen. Beide Arten passen gut zu Zwergkoniferen und Ahorn-Arten.

Streifenfarn *(Asplenium),* Aspleniaceae
A. adiantum-nigrum erreicht 20 cm Höhe und trägt immergrüne, längliche, silbrig glänzende Wedel. Die mehrfach gefiederte Pflanze fühlt sich in engen Steinspalten auf Urgestein wohl. *A. ruta-muraria* (Mauerraute) trägt mehrfach gefiederte Wedel mit dunkelgrüner Färbung. Die Wedel erreichen bis 15 cm Länge und sind wintergrün. Schön in engen schattigen Steinspalten. *A. septentrionale* (Gabelstreifenfarn) erinnert mit seinen etwa 10 cm langen Blattstielen an ein Gras. An deren Ende sitzt der zwei- bis fünfteilige Wedellappen, geweihförmig angeordnet. *A. trichomanes* (Braunstieliger Streifenfarn) hat 15 cm lange Wedel mit glänzend schwarzbraunen Stielen und bis 25 Fiederpaaren. *A. viride* (Grünstieliger Streifenfarn) erinnert an *A. trichomanes,* trägt aber einen grünen Wedelstiel, der an der Basis rotbraun gefärbt ist.

Rippenfarn *(Blechnum),* Blechnaceae
B. penna-marina (Seefeder-Rippenfarn) bildet dichte Pflanzenteppiche mit bis zu 8 cm langen, feingefiederten Wedeln. Die Fiederblättchen sind mattglänzend und zeigen eine dunkelgrüne Färbung. *B. spicant* (Rippenfarn) bildet grazile, einfach gefiederte Wedel zwischen 20 und 40 cm Länge. Die Jungpflanze bildet eine regelmäßige Rosette. Am Fuße feuchter Steinfugen finden beide Arten gute Lebensbedingungen.

Krauser Rollfarn *(Cryptogramma crispa),* Cryptogrammaceae
Der Krause Rollfarn ist vielgestaltig, sterile und fertile Wedel sitzen dicht nebeneinander. Die sterilen Wedel sind gefiedert und fein zerteilt. Sporentragende Fiederchen zeigen eine schmalere, lineale Wuchsform. Der Farn erreicht Höhen zwischen 10 - 30 cm und besiedelt schattige Steinfugen.

Gebirgsblasenfarn *(Cystopteris montana),* Athyriaceae
Die dreieckigen Wedel sind bei diesem Farn langgestielt, einzeln stehend und drei- bis vierfach gefiedert. Die Wedel erreichen eine Höhe zwischen 15 und 40 cm. Durch kriechende Rhizome verbreitet sich die Art zwischen schattigen Steinbändern.

Königsfarn *(Osmunda regalis),* Osmundaceae
Die Sorte 'Gracilis' erreicht 60 bis 80 cm Höhe. Bereits im April erscheinen die rotbraun ausrollenden Wedel mit kleinen Fiedern. Der Stiel trägt eine rötliche Färbung, am Wedelende erscheinen die schmalen Sporenträger. Auch im Winter sehr zierend durch die trockenen Wedel, die an der Pflanze verbleiben. 'Cristata' erreicht eine Höhe bis 50 cm und trägt an den Wedel- und Fiederenden kammerartige Einschnitte. Die Pflanze wirkt dadurch bizarr und interessant. Staudennachbarn sind Primeln, Leberblümchen und Lungenkraut. Der Farn fühlt sich an feuchteren Standorten wohl.

Hirschzungenfarn *(Phyllitis scolopendrium),* Aspleniaceae
Aus steilen Fugen ragt der Hirschzungenfarn mit zwischen 30 und 45 cm großen, derben, ungeteilten Wedeln hervor. Die glänzend grüne Farbe der an zusagenden Stellen bis 80 cm langen Blätter macht die Art zu einem dekorativen Schattenbesiedler. Der Farn ist wintergrün. 'Angustifolia' ist eine Sorte, die nur 2,5 - 4 cm schmale Wedel bis 40 cm Länge entwickelt

und intensiv dunkelgrün gefärbt ist. Die Sorte 'Capitata' zeigt kammartige, 25 cm lange Blattwedel. 'Crispa' fällt durch die an den Rändern gewellte Wedelform auf.

Lanzenfarn *(Polystichum lonchitis)*, Aspidiaceae
Immergrüne, dunkelgrün gefärbte Wedel schmücken den Lanzenfarn. Er wirkt starr und bildet im Alter überhängende Blätter. Zusammen mit *Cyclamen* und Primeln in Steinbändern wachsend.

Rechts: Der Königsfarn benötigt größere Pflanzenflächen. – Unten: Streifenfarne siedeln in schmalen Steinpalten.

Tüpfelfarn, Engelsüß *(Polypodium vulgare)*, Polypodiaceae
Wintergrüne Wedel entwickeln sich auf 10 – 20 cm langen Stielen und überziehen selbst große Steingruppen. Im April sterben die Vorjahreswedel ab, und es erfolgt ein lückenloser Übergang im dichten Horst der Farnwedel. 'Cornubiense' trägt dichte, wellige Fiederchen und bildet wintergrüne Teppiche zwischen Steingruppen.

Südlicher Wimperfarn *(Woodsia ilvensis)*, Woodsiaceae
Der Wedelstiel dieses Farns ist glänzend braun und trägt zehn bis zwölf Fiederpaare. Auf der Rückseite der Fiedern sitzen rostfarbige Wimpern. Die Wedel erreichen 15 – 20 cm Länge und zeigen eine tiefgrüne Färbung. *Woodsia* benötigt feuchtere, schattige Steinfugen zum Gedeihen.

Alle Farne wirken schön in natürlichen Steingartenbereichen in der Nähe von Steinen und Holzwurzeln. Kleinere Herden einer Art schaffen ansprechende Bilder, besonders wenn sie über kleinere Polsterarten herausragen. Regelmäßiges Überbrausen während der Trockenphasen im Sommer vergrößert die Widerstandsfähigkeit dieser wertvollen Schattenstauden.

Wasser im Steingarten

Häufig grenzt der Steingarten direkt an einen Gartenteich. Die Steinabdeckung des Ufers kann dann fließend in die Steinanlage übergehen. Solche Stimmungen sind besonders im sonnigen Gartenbereich gut zu realisieren, weil auch der Vegetation des Uferrandes Rechnung getragen werden kann. Als Vorbild für eine solche Anlage dienen Seen und Wasserflächen im Gebirge, egal ob sie von einem Fluß oder Bach gespeist werden oder nicht.
Die Uferrandabdeckung eines Folienteiches oder einer vorgefertigten Wanne sollte mit Natursteinplatten und unterschiedlich großen Kieselsteinen so gestaltet werden, daß der Rand für Pflegemaßnahmen am Teich oder in der Steinanlage begehbar ist. Durch Unterfütterung der Trittsteine mit einem erdfeuchten Zement-Sand-Gemisch im Verhältnis 1:3 wird die notwendige Untergrundbefestigung hergestellt. Die Zwischenräume zwischen den Trittplatten werden mit Kiesmischungen zwischen 0 und 32 mm verfüllt. Der Kies filtriert Substratabschwemmungen vom Steingarten in den Teich.
Die Kiesfläche zwischen Teich, Trittplatten und Steingarten sorgt gleichzeitig für eine ständig gleichmäßige Feuchtigkeit des Bodensubstrats, da die Sogwirkung des Substrats in Verbindung mit der Kiesabdeckung der Wasseroberfläche ständig Wasser entnimmt. Man darf sich nicht wundern, wenn etwa 10 - 15 Prozent der Wasseroberfläche in nur ein bis zwei Tagen versickern. Der Wasserverlust des Teiches läßt spontan nach, wenn das Uferrandsubstrat gesättigt ist.
Solche feuchten Steingartenränder können sehr dekorativ bepflanzt werden.
Steht ein Teich oder Tümpel zur Verfügung, kann man mit einfachen Mitteln auch nachträglich kleine Wasserstellen schaffen. Vertiefungen zwischen Steingruppen bis ca. 40 cm Tiefe können nachträglich ausgekoffert werden, um sie anschließend mit einer Teichfolie abzudichten. Um Undichtigkeiten durch im Erdreich verborgene Steine oder Fremdkörper zu verhindern, wird eine 3 - 5 cm starke Schutzschicht aus feinem Sand auf dem ausgekofferten Untergrund verteilt und verdichtet. Die Teichfolie wird verlegt und mit Kies abgedeckt. Die Randbereiche können mit flachen Steinplatten verdeckt werden. Einige locker in die Wasserstelle eingebaute Steine dienen Vögeln und Insekten als Anflug- und Sitzgelegenheit für die Wasseraufnahme. Solche Wasserstellen in Steinanlagen werden von vielen Tieren zum Trinken und Baden aufgesucht.
Der einfachste Weg zur Schaffung einer Wasserfläche stellt das Eingraben von Kunststoffwannen dar. Runde Mörtel- und Speiswannen, die in Baustoffhandlungen angeboten werden und 90 - 120 l Fassungsvermögen haben, eignen sich am ehesten und sind gut winterhart. Zum Einbau einer Wanne wird in der Anlage ein Loch ausgehoben, das ca. 20 cm tiefer und 20 cm breiter ist als die Wanne selbst. Der Bodengrund wird mit Sand verfüllt, dann die Wanne aufgesetzt. Mit Hilfe einer Wasserwaage richtet man sie so aus, daß kein Gefälle entsteht. Die Seitenränder zwischen Wanne und Erdreich werden mit Estrichsand verfüllt und fest angestampft. Der Boden der Wanne kann mit Kies verfüllt werden, so daß noch etwa 25 cm Wassertiefe verbleiben. Den Wannenrand deckt man mit plattigem Steinmaterial ab. In Containern kultivierte Wasserpflanzen können in kleinen Mengen eingebracht werden. Geeignete Arten für kleinste Wasserflächen sind der Tannenwedel *(Hippuris vulgaris)*, der Fieberklee *(Menyanthes trifoliata)* und das Pfeilkraut *(Sagittaria sagittifolia)*. Ein in den Teich ragendes Wurzelstück oder ein dekorativer Ast bieten ins Wasser gefallenen Tieren eine wichtige Ausstiegshilfe.

Pflanzen für den feuchten Steingartenrand

Prachtspiere *(Astilbe chinensis)*
Gefüllte Sumpfdotterblume
(Caltha palustris 'Multiplex')
Sumpfdotterblume
(Caltha palustris var. *'Alba')*
Wiesenschaumkraut
(Cardamine pratensis)
Schachbrettblume
(Fritillaria meleagris)
Pfennigskraut
(Lysimachia nummularia)
Mazus *(Mazus pumilio)*
Vergißmeinnicht
(Myosotis caespitosa)
Nierenbergie
(Nierembergia repens)
Sumpfherzblatt
(Parnassia palustris)
Primeln *(Primula florindae, Primula helodoxa)*
Rosenprimel *(Primula rosea 'Gigas')*
Trollblume *(Trollius europaeus)*

Alle genannten Arten fühlen sich am Rand der feuchten Steinanlage oder im Kiesbeet zwischen den Trittplatten wohl.

Der Bachlauf in der Steinanlage

Wasserläufe oder kleine Rinnsale können im Steingarten mit Hilfe von Teichfolien geschaffen werden. Der Wasserlauf wird vom Teichwasser gespeist und mündet auch wieder im Wasserbecken. Der vorgesehene Verlauf des Rinnsals wird sinnvollerweise zusammen mit dem Bau der Steinanlage festgelegt.
Lehmige Substrate werden mit einem Stampfer zu halbrunden, etwa 15 cm tiefen und 30 cm breiten Rinnen ausgeformt und verdichtet. Der Schlauch, der das Beckenwasser mit Hilfe einer Pumpe zum Beginn des Wasserlaufs schafft, wird vom Teich durch die geformte Rinne bis zum Anfang des Wasserlaufs gelegt und mit feinkörnigem Sand bedeckt. Anschließend wird die Folie zur Abdichtung des Rinnsals verlegt. Die Teichfolie sollte eine Stärke von 0,8 – 1,2 mm haben. Kleine Gefälle bis 15 cm pro Meter sorgen für eine gleichmäßige Wasserverteilung. Kleinere Vertiefungen und Verbreiterungen im Rinnsal sorgen für kleinere Wasserstellen, in denen sich das Wasser später stauen kann, bevor es langsam weiterfließt.
Ist nun die Folie verlegt, kann durch einen Probelauf der Pumpe getestet werden, ob die gewählte Form des Wasserlaufs zusagt oder noch Veränderungen am Unterbau vorgenommen werden müssen. Das Wasser sollte sanft in schmalen Rinnen durch mehrere Wasserstellen geleitet werden, um schließlich – im Teich angekommen – den Kreislauf wieder zu schließen. Gefällt die gewählte Form, wird die Folie mit Ton oder Lehm ca. 2 cm mächtig ausgekleidet und anschlie-

Steinanlage und Teich gehen harmonisch ineinander über.

ßend mit Kies der Körnung 0 bis 8 mm abgedeckt. Die beiden überlappenden Seiten der Teichfolie werden mit steinplattenförmigem Gesteinsmaterial des Steingartens abgedeckt und mit Kieselsteinen in lockerer Sequenz kaschiert.
Kieselsteine können auch locker im Bachbett verlegt werden, damit vorbeifließendes Wasser die Steine umströmt und dabei kleine Mengen an Luftsauerstoff aufnehmen kann.
Je nach Größe der Steinanlage können sogar wasserfallartige Steinkaskaden geschaffen werden, über die man das Fließwasser leiten kann, so daß der Charakter eines Wasserfalls entsteht. In kleineren Anlagen können solche Wasserspiele jedoch schnell kitschig wirken und die natürliche Stimmung der Anlage stören.
Den Beginn eines Wasserlaufes bildet häufig eine nachempfundene Quelle, die aus einigen Steinfugen entspringt. Natürliche Vorbilder finden wir im Hochgebirge, wo aus lockeren Steinfluren Wasser über Steine quillt. Gebohrte Quellsteine, aus denen das Wasser an einer zentralen Stelle entspringt, gehören in größere Steinanlagen und wirken in kleineren Flächen eher unnatürlich. Die Sogkraft der Abdecksteine und des Substratmaterials am Rinnsalrand sorgt ständig für Wasserverluste.
Durch Erhöhung der Boden- und Luftfeuchtigkeit entsteht ein gutes Kleinklima für feuchtigkeitsliebende Kleinstauden des Wasserrandbereiches. Vom Rand des Wasserlaufes schieben sich einige Staudenarten bis in die Fließwasserzone und verleihen so der Anlage nach kurzer Zeit natürliche, gewachsene Standortbilder.

Auch unerwartete Besucher bewundern die Pflanzung mit Rosen- und Kugelprimeln.

Der Steingarten im Kleinformat

Auch kleinste Standorte bieten sich zur Schaffung einer Steinanlage an. Am Hauseingang, zwischen Garagenauffahrten oder auf der Dachoberfläche einer Mülleimerbox lassen sich mit einigen Überlegungen ganz ansprechende Miniatur-Steingärten schaffen. Unter Verwendung einiger Kalkknollensteine stellt man eine Steingruppe zusammen und verfüllt die Zwischenräume und Fugen mit Pflanzsubstrat. Ziel der Steingruppierung ist die Schaffung einer kleinen, der Natur nachempfundenen Landschaft, die mit Kleinpolstern und anderen zwergförmigen Pflanzenarten wirkungsvoll gestaltet werden kann.

Die Vorarbeiten auf einem Bodenstandort sind identisch mit denen bei großen Steinanlagen. Besonderes Augenmerk sollte auf die Erddrainage gelegt werden. Mit Hilfe

Stauden für kleine Pflanzräume in sonnigen Lagen und lichtem Wechselschatten

Igelposter *(Acantholimon glumaceum)*
Weißer Speik *(Achillea clavenae)*
Mannsschild *(Androsace carnea, A. chamaejasme, A. lanuginosa)*
Gänsekresse *(Arabis bryoides, A. vochinensis)*
Sandkraut *(Arenaria pinifolia, A. tetraquetra)*
Grasnelke *(Armeria juniperifolia)*
Edelraute *(Artemisia genipi, A. umbelliformis)*
Meister *(Asperula arcadiensis, A. nitida)*
Glockenblume *(Campanula, C. aucheri, C. pulla, C. raddeana, C. waldsteiniana)*
Carduncellus-Distel *(Carduncellus rhaponticoides)*
Schriftfarn *(Ceterach officinatum)*
Alpenmargerite *(Chrysanthemum alpinum)*
Degenie *(Degenia velebitica)*
Nelke *(Dianthus microlepis, D. glacialis, D. pavonius)*
Hungerblümchen *(Draba brunii-folia, D. bryoides, D. mollissima)*
Büschelglocke *(Edraianthus pumilo)*
Berufkraut *(Erigeron compositum, E. neglectus)*
Reiherschnabel *(Erodium chrysanthum, E. reichardii)*
Gelbe Margerite *(Euryops acraeus)*
Storchschnabel *(Geranium argenteum, G. cinereum)*
Schleierkraut *(Gypsophila aretioides, G. cerastioides)*
Sonnenröschen *(Helianthemum oclandicum)*
Strohblume *(Helichrysum milfordiae)*
Edelweiß *(Leontopodium alpinum. L. kurilense, L. souliei)*
Bitterwurz *(Lewisia cotyledon)*
Leinkraut *(Linaria alpina)*
Lein *(Linum campanulatum, L. capitatum)*
Steinsame *(Lithodora diffusa)*
Lichtnelke *(Lychnis alpina)*
Mazus *(Mazus pumilio)*
Gauklerblume *(Mimulis primuloides)*
Miere *(Minuartia juniperina, M. laricifolia)*
Moltkie *(Moltkia coerulea, M. doerfleri, M. petraea)*
Dost *(Origanum amanum, O. laevigatum)*
Sternwurz *(Orostachys spinosus)*
Sauerklee *(Oxalis adenophylla)*
Mänderle *(Paederta bonarota, P. lutea)*
Alpenmohn *(Papaver burseri, P. kerneri, P. rhaeticum, P. sendtneri)*
Mauermiere *(Paronychia kapela)*
Geranie *(Pelargonium endlicherianum)*
Bartfaden *(Penstemon caespitosus, P. campanulatus, P. menziesii, P. newberryi)*
Steinschmückel *(Petrocallis pyrenaica)*
Flammenblume *(Phlox douglasii, P. missaulensis, P. nana)*
Teufelskralle *(Physoplexis comosa)*
Schneewegerich *(Plantago nivalis)*
Pleione *(Pleione bulbocoides)*
Primel *(Primula auricula, P. clusiana, P. glaucescens, P. glutinosa, P. marginata)*
Kuhschelle *(Pulsatilla albana, P. alpina)*
Hahnenfuß *(Ranunculus alpestris, R. montanus)*

Steinbrech *(Saxifraga)*

Sektion Euaizoonia – Kalkkrustensteinbrech: *S. cochlearis, S. crustata, S. squarrosa u.v.a.*
Sektion Porophyllum: *S. burseriana, S. diapensoides, S. ferdinandi-coburgi, S. grisebachii, S. juniperifolia, S. laevis, S. marginata, S. sancta, S. sempervivum, S. stribrnyi, S. tombeanensis*
Sektion Porphyrion: *S. oppositifolia*

Helmkraut *(Scutellaria alpina, S. orntalis, S. scordifolia)*
Kreuzkraut *(Senecio abrotanifolius)*
Leimkraut *(Silene acaulis)*
Halskraut *(Trachelium jacquinii* ssp. *rumelianum)*
Ehrenpreis *(Veronica armena, V. bombycina)*
Goldprimel *(Vitaliana primuliflora)*

Alte Mauerkronen und Simse beherbergen den Dachwurz zum Schutz des Hauses.

Stauden für kleine Pflanzräume in schattigen Lagen

Mannsschild *(Androsace sarmentosa, A. strigillosa)*
Sandkraut *(Arenaria gracilis)*
Prophetenblume *(Arnebia pulchra)*
Pantoffelblume *(Calceolaria biflora, C. polyrrhiza)*
Glockenblume *(Campanula raineri, C. zoysii)*
Tigerglocke *(Codonopsis clematidea)*
Zimbelkraut *(Cymbalaria aequitriloba)*
Nelkenwurz *(Geum reptans)*
Haberlee *(Haberlea ferdinandi-coburgi, H. rhodopensis)*
Porzellansternchen *(Houstonia caerula)*
Jankaklee *(Jankaea heldreichii)*
Liriope *(Liriope muscari)*
Nierembergie *(Nierembergia rivularis)*
Blauklee *(Parachetus communis)*
Pratie *(Pratia pedonculata)*
Primel *(Primula capitata, P. farinosa, P. frondosa, P. hirsuta, P. luteola)*
Liliensimse *(Tofieldia calyculata)*

eines grobschottrigen Untergrundes wird ein Kern geschaffen, auf den anschließend die Steine gesetzt werden. Solche Kleinanlagen bieten einer ganzen Reihe von Pflanzenarten einen ansprechenden Lebensraum. Fugen und Spalten nehmen zusammen mit natürlichen Vertiefungen und Löchern im Stein eine ganze Reihe meist alpiner Zwergpolster auf. Enge und schmale Steinspalten und Löcher können mit Hilfe einer leistungsfähigen Schlagbohrmaschine vergrößert werden. Durch Moosumhüllung des Pflanzballens schafft man ein Feuchtigkeitsreservoir, das die Pflanzen auch in trockenen Phasen mit Wasser versorgt, ohne daß der Steinmantel dem Wurzelballen die gesamte Feuchtigkeit entziehen kann. Viele Bohrungen dicht an dicht vergrößern die bepflanzungsfähige Oberfläche wesentlich und schaffen so interessante Möglichkeiten zur Gestaltung.

Tröge und Schalen

Die kleinsten Steingartenstandorte, Pflanzgefäße wie Steintröge oder Schalen, lassen sich mit den Pflanzen der vorher genannten Listen nachvollziehen. Anspruchsvoll und gestalterisch wertvoll ist die Bepflanzung eines alten Steintroges, der eine alpine Miniaturlandschaft beherbergt. Die Größe des Troges ist dabei von untergeordneter Bedeutung, da selbst kleinste Steintröge wirkungsvoll bepflanzt werden können. Steintröge sind vom Material her sehr widerstandsfähig und fügen sich in viele Gartenräume harmonisch ein. Eingangsbereiche, Freisitzflächen, Begrenzungen zwischen Wegen und Beeten, der Balkon oder sogar der Dachgarten sind geeignete Standorte.

Die Grundlage für eine dauerhafte Bepflanzung dieser Gefäße stellt ein funktionierender Wasserabzug dar. An der tiefsten Stelle sollte ein mindestens 2 cm breites Wasserabzugsloch geschaffen werden. Durch Vorbohren mit einem 8 – 12 mm starken Steinbohrer erleichtert man sich diesen Vorgang wesentlich. Pro laufendem Meter Troglänge sollten etwa drei Abzugslöcher vorhanden sein. Durch Auflage größerer Kieselsteine oder Tontopfscherben auf das Wasserabzugsloch verhindert man eine Verstopfung und somit einen Bodenwasserstau, der zum schnellen Faulen der Trogpflanzen führt. Der Bodengrund wird mit Kies verfüllt, um eine etwa 5 cm mächtige Drainschicht herzustellen. Dekorative Steine, die der Gestaltung der Troglandschaft dienen, werden zusammen mit großballigen Gehölzen in die Substratschicht eingebaut. Die verbleibenden Zwischenräume verfüllt man mit vorbereitetem Steinpflanzensubstrat (siehe Abschnitt Erden und Substrate). Sollten die Pflanzgefäße besonders empfindliche Gehölze und Stauden beherbergen, so können die Seitenwände auf der Troginnenseite mit etwa 1 cm starken Styroporplatten ausgekleidet wer-

Steinanlage eine Sammlers mit dauerhaft bepflanzten Schalen.

den. Beimischungen von Styroporflocken in das Füllsubstrat verringern das Gewicht des Substrates und fördern den Lufthaushalt. Nachdem nun eine Landschaft im Kleinformat geschaffen wurde, kann mit der eigentlichen Bepflanzung begonnen werden. Die vorgesehenen Stauden werden ausgetopft. Der Ballen wird dabei durch Abtragung von Substrat so weit wie möglich verkleinert. Mit Hilfe eines Kunststoff-Pflanzstabes werden Pflanzlöcher in das Substrat gedrückt. Anschließend setzt man die Stauden sorgfältig ohne Quetschung oder Umknicken der Wurzel ein und drückt sie fest an. Der Wurzelhals wird nach der Pflanzung mit einer mineralischen Deckschicht umfüttert und die Staude fest mit dem ungebenden Pflanzsubstrat verkeilt, indem man einige größere Steinscherben hineingibt.
Durch intensives Angießen mit einer feinen Brause oder durch Besprühen mit einer Pflanzenspritze wird das Gefäß intensiv befeuchtet, ohne daß das Füllsubstrat oder die mineralische Abdeckung abgespült werden. Die ersten vier bis sechs Wochen nach der Pflanzung sollten die Gefäße je nach Witterung und Temperatur ein- bis zweimal täglich überbraust werden, besonders dann, wenn auch enge Steinspalten und Löcher bepflanzt worden sind. Die weitere Pflege der Pflanzungen konzentriert sich dann auf Wassergaben nach Bedarf. Je nach Standort kann das ein- bis zweimal wöchentlich der Fall sein. Größere Schalen aus frostfestem Ton, z. B. Terracotta- oder Betonschalen, sind ebenfalls zur Gestaltung von Miniaturlandschaften geeignet. Auch bei diesen Gefäßen sind Wasserabzugslöcher unerläßlich. Einfache Tonschalen eignen sich weniger, da sie im Winter durch Frosteinwirkung gesprengt werden.

Alpin gestalteter Steintrog. Kalkkrusten-Steinbreche haben dichte, blühende Polster gebildet.

Bezugsquellen

Lieferanten für Steingartenpflanzen

»Ihr Gartenbau« M. Härtl, Eckhardsborn 2, 3500 Kassel

Max Schleipfer, Sedlweg 71, 8902 Neusäß

Dr. Hans und Helga Simon, Staudenweg 2, 8772 Marktheidenfeld

F. Sündermann, Aeschacher Ufer 48, 8990 Lindau

G. Wauschkuhn, 3510 Hann.-Münden Mielenhausen

Familie Wetzel, Oberkohlfurth, 5600 Wuppertal 12

Lieferanten für Natursteine

G. Gleussner, Industriestraße 11-13, 8729 Eltmann

»Ihr Gartenbau« M. Härtl, Eckhardsborn 2, 3500 Kassel (auch dauerhaft bepflanzte Steine und Steintröge)

A. Höfer, 7346 Wiesensteig

K.-J. Jahn, Im Todt 10, 3522 Bad Karlshafen 2

Müller, Bahnstraße 17, 7031 Ehningen

Roka, Postfach 172, 5983 Balve-Garbeck

W. Wittel, Heubergstraße 18, 7404 Ofterdingen

Literatur

Bärtels, A.: Zwerggehölze; Verlag Eugen Ulmer, Stuttgart 1983.

Carl, J.: Miniaturgärten in Trögen, Schalen und Balkonkästen; Verlag Eugen Ulmer, Stuttgart 1978.

Foerster, K.: Einzug der Gräser und Farne in die Gärten; Neumann-Verlag, Leipzig 1988, 7. Auflage.

Foerster, K.: Der Steingarten der sieben Jahreszeiten; Verlag J. Neumann - Neudamm, Melsungen 1981, 7. Auflage.

Hörster, W.: Steingärten. BLV Verlagsgesellschaft, München 1989;

Jelitto, L., Schacht, W. und Fessler, A.: Die Freiland-Schmuckstauden; Verlag Eugen Ulmer, Stuttgart 1985.

Kawollek, W.: Das praktische Bonsai-Buch; Verlag Eugen Ulmer, Stuttgart 1987.

Köhlein, F.: Enziane und Glockenblumen; Verlag Eugen Ulmer, Stuttgart 1986.

—: Freilandsukkulenten; Verlag Eugen Ulmer, Stuttgart 1984.

—: Primeln; Verlag Eugen Ulmer, Stuttgart 1984.

—: Saxifragen; Verlag Eugen Ulmer, Stuttgart 1980.

—: Kleine Pflanzen für kleine Gärten; Verlag Eugen Ulmer, Stuttgart 1989.

Maatsch, R.: Das Buch der Freilandfarne; Paul Parey, Berlin, Hamburg 1980.

Schacht, W.: Der Steingarten; Verlag Eugen Ulmer, Stuttgart 1985.

Wachter, K.: Der Wassergarten; Verlag Eugen Ulmer, Stuttgart 1983.

Wocke, E.: Kulturpraxis der Alpenpflanzen; Verlag Otto Koeltz Science Publishers, Koenigsstein 1977.

Register